मनके : सुर के

(कहानियाँ : संगीत साधकों की)

मनके : सुर के

(कहानियाँ—संगीत साधकों की)

केशवचन्द्र वर्मा

लोकभारती प्रकाशन

लोकभारती प्रकाशन
पहली मंजिल, दरबारी बिल्डिंग, महात्मा गांधी मार्ग
प्रयागराज-211 001

वेबसाइट : www.lokbhartiprakashan.com
ईमेल : info@lokbhartiprakashan.com

शाखाएँ : 1-बी, नेताजी सुभाष मार्ग, दरियागंज
नई दिल्ली-110 002
अशोक राजपथ, साइंस कॉलेज के सामने
पटना-800 006
1, अनमोल सोराबजी सन्तुक लेन, धोबी तलाव,
मरीन लाइंस, मुम्बई-400 002

मूल्य : ₹550

संस्करण : 2011
This book is printed on **Print on Demand**
Technology : 2024

MANKE : SUR KE
by Keshav Chandra Verma

ISBN : 978-81-8031-644-9

राम कथा के अभिनव गायक संगीत के
मर्मग्राही रसिक पं० रामाश्रय झा
'रामरंग' को उनकी रसमयी
बंदिशों के लिए अमित स्नेह
आदर के साथ
समर्पित

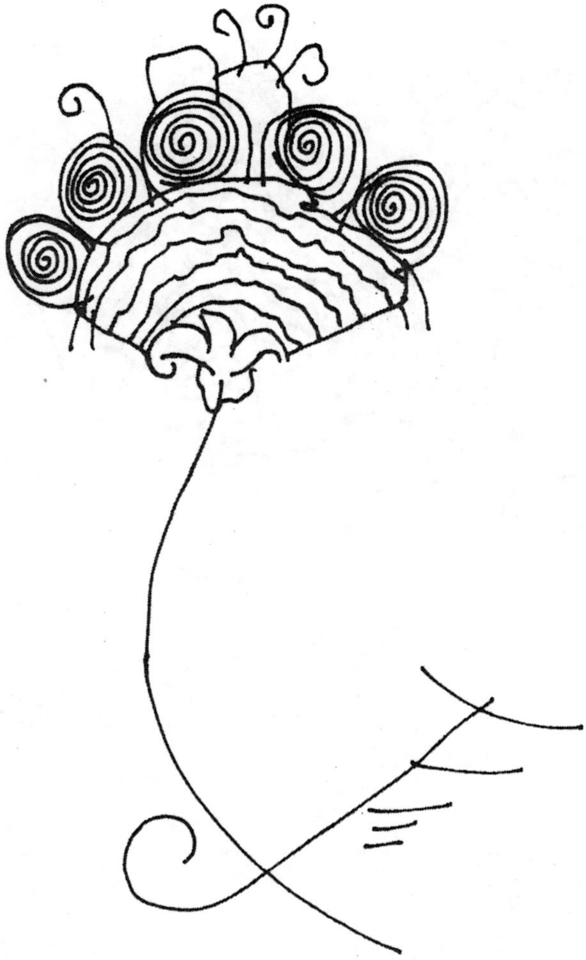

आन्तरिक लय की पकड़

सृष्टि का प्रयोजन क्या है? अचल शिला खण्ड, पर्वत मालाएँ, सूर्य चन्द्र, वनस्पति और पशुपक्षी मानव की उत्पत्ति और फिर पर्यवसान मात्र?—इनके वैविध्य, अन्तर और परस्पर संघर्ष या घात-प्रतिघात?

फिर वह क्या है जो चरम भावस्थिति पर पहुँच कर मनुष्य के मन में उस आनंद की सृष्टि करता है जिसे 'रस' कहते हैं! क्या वही परम-प्राप्य है इसीलिए उसे 'ब्रह्मानंद सहोदर' कहते हैं—यानी स्वयं ब्रह्म की प्राप्ति का आनंद? समस्त ज्ञान, योग, तपस्या और भक्ति की अंतिम उपलब्धि ब्रह्म की ही उपलब्धि है। और यह 'रस' नामक तत्व उसी महत् उपलब्धि के समकक्ष है। समकक्ष ही क्यों? भारतीय चिंतन ने इसे ब्रह्म के साथ एकाकार कर दिया है और इसीलिए ब्रह्म की व्याख्या करते हुए भारतीय मनीषा ने स्थापित किया—'रसो वै स:'—अर्थात् ब्रह्म रस ही है।

यह रस गायन में उपजता है स्वरों के द्वारा, काव्य में उपजता है—शब्द और अर्थ के द्वारा, चित्रालेखन में उपजता है रेखाओं, आकारों और रंगों के सम्पुंजन से। इस चरम आनंद को 'गूँगे के गुड़' की संज्ञा दी गई है—यानी उस 'गुड़' का स्वाद 'गूँगा' ले तो सकता है परन्तु उस स्वाद के सुख को वाणी में व्यक्त कर दूसरों तक पहुँचा नहीं सकता।

केशवचन्द्र वर्मा ने इस 'मनके : सुर के' नामक ग्रंथ में इसी असम्भव कार्य को सम्भव बनाने की विलक्षण चेष्टा की है। ताण्डव नृत्य की लय—आरोह अवरोह को कैसे स्वाति ऋषि ने घनघोर पावस में बादलों की कड़क, बिजली की चमक और पत्तों पर, धरती पर, जल पर बरसती बड़ी-बड़ी बूँदों के आघात से साक्षात परिकल्पित किया और फिर उसे संगति देने के लिए विश्वकर्मा से जिस ताल-वाद्य को निर्मित कराया उसे 'पुष्कर' की संज्ञा दी फिर उसे 'मृदंग' बताकर उसका 'नाद' आदिदेव ब्रह्मा से प्राप्त किया—यह सब केशव की लेखनी द्वारा जिस तरह अंकित किया गया, वह

चमत्कार पूर्ण है। निखिल सृष्टि यानी प्रकृति, कलाकार, स्वर, नाद, ब्रह्मतत्व, शिव के ताण्डव का अंग संचालन और पदनिक्षेप का एकाकार हो जाना—यह उन्होंने जैसे चित्रित किया है, वह हिन्दी ही क्या सम्भवत: किसी भारतीय भाषा में अभी तक इस तरह प्रस्तुत नहीं किया गया।

इसके बाद संगीत को जिन्होंने जीवन अर्पित कर दिया, उनके अनेक जाने अनजाने प्रसंगों की मार्मिक कथाएँ हैं। गायक तानसेन से लेकर सदारंग अदारंग, जयदेव से लेकर घनानंद तक, फैय्याज़ खाँ से लेकर अलाउद्दीन खाँ या विष्णु दिगम्बर और रसूलन बाई तक पर केंद्रित कहानियाँ भारतीय जीवन दृष्टि और मूल्यों की गहरी पहचान कराती हैं और साथ ही यह भी कि तानसेन ने किस प्रकार ध्रुपद शैली में ही अगली गायन शैली की नींव डाल दी और सदारंग ने ख्याल शैली को कैसे विकसित किया जहाँ गायक की प्रतिभा साकार हो उठती है। अनेक बहुमूल्य जानकारियों से भरी इस सर्वथा रहस्यमयी दुनिया की ये मानवीय कथाएँ बेहद मनमोहक हैं और कभी-कभी आँखों में आँसू छलकाने वाली भी।

केशव ने कितना शोध किया होगा,—पुराणों का अध्ययन, संगीत शास्त्र के दुर्लभ ग्रंथों का पारायण—भारतीय इतिहास के विभिन्न कालों में से संगीतज्ञों के बारे में यदा कदा मिलने वाले संदर्भों का संकलन और कभी लोक प्रचलित किन्तु अब धीरे-धीरे विस्मृत होती जाती किम्बदंतियों का पुनरुद्धार—वास्तव में उनका यह कृतित्व आश्चर्यचकित कर देता है। इतना ही होता तो भी वह बड़ी उपलब्धि होती—पर इस बड़ी उपलब्धि का अनूठापन यह है कि इन कथाओं की शैली न तो कहीं बोझिल है और न कहीं शास्त्रज्ञान का आत्मप्रदर्शन। रचनाकार सहज, सरल रसमय विषय की अंतर्निहित-रसधारा में स्वयं सहज भाव से बहता जाता है और अपने पाठकों को भी अपने साथ बहा ले जाता है। बिहारी का वह दोहा याद आता है—

तन्त्री नाद कबित्त रस, सरस राग रस रंग।
अनबूड़े बूड़े, तिरे जे बूड़े सब अंग॥

वही 'तिंरने' वाली—तारने वाली डुबान इस लेखन में मिलती है। इससे बड़ी उपलब्धि और क्या होगी?

एक बात और है। वह यह कि इन कथाओं के माध्यम से केशव ने कला और राज्याश्रय के बारे में कुछ दिलचस्प पहलू उभारे हैं। कलाकारों ने अपने कला माध्यमों और सहज स्वाभिमान की रक्षा के लिए राज्याश्रयी सम्मानों का कैसे त्याग किया और कैसे अपने लिए 'निर्वासित' जीवन का वरण किया—इसे तत्कालीन परिवेश में देखने पर विस्मय होता है। वाद्य के प्रति अपनी निष्ठा सदारंग को कहाँ से कहाँ ले गई—तानसेन को उनके गुरुदेव ने सोने की मोहरों के साथ शाही गायक बन जाने के कारण एक कानी कौड़ी देकर उनका मूल्यांकन वृंदावन में किया—'सिड़ी नवाब' दरबार छोड़कर सड़क पर गाते रहे—अपने से कलाकारों की यह लड़ाई बड़ी अर्थवान है। आज के प्रसंग में तो यह स्थापना बहुत मूल्य रखती है। क्योंकि कलाएँ दिनोंदिन राज्याश्रित ही होती जा रहीं हैं। इन कहानियों के माध्यम से केशव का अप्रत्यक्ष आह्वान है कि कलाकार को अपनी सार्थकता पाने के लिए अपने स्वाभिमान और स्वातंत्र्य के लिए न तो समझौते करने चाहिए और न राज्याश्रय के सामने घुटने टेकने की विवशता माननी चाहिए।

हमारे जीवन में भौतिक मूल्यों और उपभोक्ता-वृत्ति के कारण हम जीवन के आन्तरिक रस आनंद से आज बहुत दूर होते चले जा रहे हैं। नक़लीपन का यह चक्रवात हमारी सांस्कृतिक जड़ों पर विध्वंसकारी आक्रमण कर रहा है। ऐसे में—'मनके : सुर के' जैसी कृति एक बार फिर हमारी जड़ों से सम्पृक्त करेगी और हमारी जीवन-दृष्टि को रसगृहण और आंतरिक लयात्मक समन्वय के संस्कार देगी—ऐसा मेरा पूरा विश्वास है।

बम्बई

—धर्मवीर भारती

5, शांकुतल, बांद्रा (पूर्व)

11/10/1995

संदेह के बावजूद

समसामयिक कलाओं में आज भी संगीत ही एक ऐसा जीवंत माध्यम है, जो इस देश की सांस्कृतिक विरासत से गहन परिचय कराता है। यहाँ के संगीत साधकों ने प्रयत्नपूर्वक अपनी कला और उसकी उपासना पद्धति को बचाकर रखने का जैसा उपक्रम विगत काल में किया वह अन्यत्र दूसरे कला-माध्यमों में दुर्लभ और विरल ही रहा है। जिस पश्चिमी चश्मे से भारतीय संस्कृति के इस अंग की पहचान बनाई जा रही है—वह सर्वथा एक नकली बोध की अवधारणा को पक्का करता है। भारतीय चिंतन एवं जीवन पद्धति में इस देश के मूल्यगत चरित्र का जो विकास हुआ उसमें न तो कभी संकीर्णता आई और न रूढ़िगत जकड़बंदियाँ ही पनप सकीं। सब कुछ आत्मसात् करते हुए चित्तवृत्ति की संस्कारिता से मनुष्य मात्र को आनंद की परिपूर्णता प्रदान करने वाली संगीत की साधना पद्धति अपने में विलक्षण रही है। इसी कारण इस माध्यम को अपनाने वाले सिद्धों के रहस्यमय जीवन में छोटी-छोटी खिड़कियाँ खोलकर झाँकने पर एक अलौकिक संसार के दर्शन होते हैं।

'मनके : सुर के'—इस ग्रंथ के अनेक प्रसंग इस तरह लिखे नहीं जा सकते थे—यदि मुझे अन्य विषयों की पुस्तकों को पढ़ते समय यदा कदा भारतीय संगीत साधकों के मार्मिक उल्लेख न मिलते रहते। ज़ाहिर था कि मेरा कुतूहल और उत्साह उस घटना की तह में जाने के लिए बढ़ता गया। फिर तो उसी तरह की विलक्षण घटनाओं की यत्र यत्र सांकेतिक-पकड़ बटोरने लगा—कैसे कैसे लोग संगीत की रहस्यभरी दुनिया में अपनी एक अलग जिंदगी जी रहे थे—कैसे-कैसे दिन उन्होंने काटे—उतार, चढ़ाव फिर एक दिन बिना किसी याद के सहसा विलुप्त हो जाना—कैसे अपनी कला को उन्होंने न तो क्षरित होने दिया और न अपनी रोज़ी-रोटी के लिए अपने संरक्षकों की मनमानी से समझौता किया। वह दुनिया उन्हीं के साथ वजूद में रही और उन्हीं के साथ ख़त्म हो गई। उसका कोई प्रामाणिक लेखाजोखा कहीं नहीं। यह सब क्रमशः एकत्र करने में मुझे कोई दस बरस से ऊपर लग

गए। ऑल इंडिया रेडियो की नौकरी ने भी इस दिशा में मेरी बड़ी मदद की—बहुतेरे बड़े कलाकारों के सम्पर्क में आया और उनसे ख़ुद उनकी अपनी ज़ुबानी उनकी जिंदगी के बारे में और कुछ दूसरे कलाकारों की जिंदगी के बारे में सरीहन जानकारी हासिल की—जो कुछ सुना, समझा, देखा पढ़ा—वह सब बेहद रोमांचकारी और आश्चर्यलोक की यात्रा। मुझे संदेह है कि मैं उन सम्पुंजित-ऊर्जायुक्त चरित्रों के प्रति न्याय कर भी पाया हूँ या नहीं?

इन कथानायकों की कालावधि लम्बी है। इस अवधि में सामाजिक परिवेश और मूल्यों की बदलती अवधारणाओं के माहौल को पकड़ने का यत्न किया गया है। यह राजाओं के जय पराजय के तथ्यात्मक विवरणों का इतिहास नहीं है। उससे परे इस लम्बी कालावधि में जो हमारी सांस्कृतिक उपलब्धियाँ होती रहीं हैं—यदि ये कथाएँ उसकी एक अनूठी झलक भी दिखा सकीं, तो यह परिश्रम सार्थक होगा और यदि इसकी चेतना हमारे भीतर कहीं न कहीं झंकृत होती रही तो संभवत: संगीत की दुनिया से भी गुज़र कर हम अपनी अस्मिता की पहचान को रेखांकित करते रहेंगे।

मेरे अभिन्नतम धर्मवीर भारती इन कथाओं को पढ़कर 'अभिभूत' थे। उन्होंने मेरे प्रति स्नेह के नाते इस पुस्तक के आमुख में जो टिप्पणी की है, वह मुझे किसी हद तक इस श्रम की सार्थकता के प्रति आश्वस्त करती है। वैसे आज के उथल पुथल वाले हिंसक माहौल में इन कथाओं के सूक्ष्म अंत: सूत्र किसी रचनात्मक आस्था की वापसी करा पाएँगे—इसमें मुझे तो संदेह ही है—पर फिर भी.....।

—केशव चन्द्र वर्मा

65, टैगोर टाउन
इलाहाबाद-2

कथाक्रम

•

❑

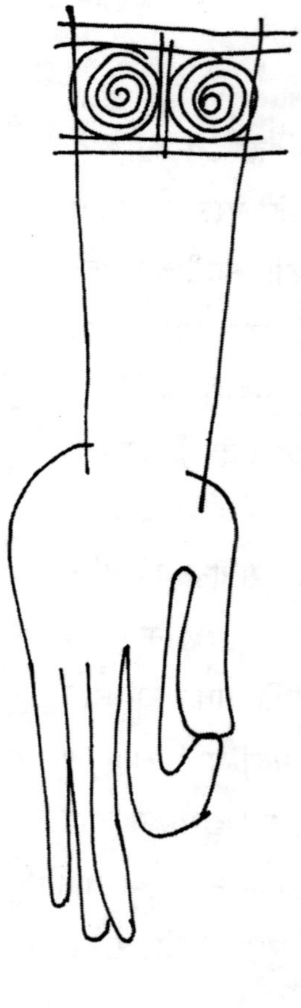

मनके : सुर के

(संगीत साधकों की कहानियाँ)

ताण्डव का छन्द

आकाश मेघाच्छन्न था। सूर्य का प्रभाव समाप्तप्राय था। बादलों की पाँत ने ऐसा कोई कोना नहीं छोड़ा था जिससे रोशनी कहीं से छनकर आ सके। रह रह कर दामिनी जब कौंधती तो प्रकाश की एक लहर सी उस पूरे वन-प्रान्तर में फैल जाती। फिर मेघों का गर्जन प्रारम्भ होता। एक बार जो क्रम शुरू हो जाता वह दूसरी कौंध तक निरन्तर बना रहता। लगता जैसे पर्वत शिखरों से सफेद पत्थरों के बड़े-बड़े टुकड़े गुरु गम्भीर बोलों के साथ एक लय में उतरते चले आ रहे थे। लय के इस आरोह-अवरोह को सुनकर ऐसा लगता था कि जैसे इन्द्र की सभा स्थली का कोई कुशल वादक इस सम्पूर्ण नाद-मंडल को संचालित कर रहा था।

धीरे-धीरे सूर्य का प्रकाश बिल्कुल तिरोहित हो गया। संध्या अपने आविर्भाव को अनेक रूपों में प्रकट कर रही थी। इस प्रान्तर के छोटे से आश्रम की कुटिया में बैठे हुए स्वाति ऋषि चपला नृत्य और मेघ गर्जन का आनन्द ले रहे थे। वर्षा आसन्न थी—किसी भी क्षण तेज बारिश आने की संभावना बढ़ती जा रही थी। सहसा ऋषि का ध्यान कुटिया के कोने

में रखे हुए जलपात्र पर गया। वह रीता होकर लुढ़का पड़ा था। रात और भीषण वर्षा में पीने के लिए जल न रहा तो आश्रम वासियों को कठिनाई होगी—यह सोचते हुए तत्काल ऋषि स्वाति उठ खड़े हुए। उन्होंने लुढ़के हुए जल के पात्र को उठाया और वे निकट के सरोवर की ओर चल पड़े। दामिनी अभी भी उसी तरह आकाश से धरती को बार-बार स्पर्श करती हुई कौंध रही थी। मेघ गर्जन उसके पीछे-पीछे दौड़कर हर बार उसे पकड़ने की कोशिश कर रहा था। न तो दामिनी उसके हाथ आती और न वह मेघों को ही मौन करा पाती। ऋषि स्वाति लय के इस उतार चढ़ाव में डूबने उतराने लगे। मन ही मन अपने गुरुदेव प्रजापति ब्रह्मा को स्मरण करने लगे। हाथ जोड़कर उन्होंने गुरुदेव को प्रमाण किया जिन्होंने संगीतशास्त्र का प्रारम्भिक ज्ञान स्वाति को दिया था। वे प्रकृति में अब स्वर और लय स्वयं स्थापित कर लेते थे और उससे आनन्द ग्रहण करते थे। यही प्रक्रिया उनकी उपासना पद्धति थी।

वे सरोवर के पास जब तक पहुँचे, वेगवान पवन के साथ मेघाच्छन्न आकाश से बड़ी-बड़ी बूँदें गिरने लगीं। सामने सरोवर था। जल में आकण्ठ डूबे हुए अनेक रंगों के पद्म अधखिले-अर्धमुकुलित अवस्था में सूर्य के प्रकाश से अपना नाता तोड़ रहे थे। पूरा सरोवर बड़े-बड़े पद्म पत्रों से भरा हुआ था। बूँदें उन सब पर एक साथ गिर रही थीं—

पट् पट् पट् पट् पट् पट् पट्.............!

किन् किन् किन् किन् किन् किन्.................अनेक वर्ण उन बूँदों के आघात से जन्म ले रहे थे। बूँदों की बौछार वायु के वेग के साथ तेज़ होती तो उन झोंकों के भीतर द्रुतगति के अनेक छन्द बनते। कभी बूँदों का आघात कम होता—उनका वेग कुछ घटता तो पद्म पत्रों पर बनती हुई लय उसी अनुपात से दूसरे ढंग के बोल बनाव रचती। फ़िर बीच-बीच में बादल गरजते जैसे-इन्द्र की सेना सबको रौंदती हुई चली जाती। उनकी प्रतिध्वनि से वे कमल पत्र काँप जाते। उन पर सरोवर का जल चढ़ आता, बूँदें पड़तीं तो जैसे जलतरंग बजता। फिर उद्धत पवन का झोंका आता और झर्र झर्र करता हुआ पूरे सरोवर पर से निकल जाता।

प्रकृति अपने घुँघुरुओं को जैसे एक साथ पूरे आकाश-मंच पर बजा देती।

स्वाति ऋषि सरोवर के किनारे जल पात्र लिए खड़े भीग रहे थे। वे भूल गये थे कि वे आश्रम के लिए जल लेने को आए हैं। वे कभी आँख खोलते और कभी बन्द करते इस अलौकिक संगीत का आनन्द ले रहे थे। उनके अन्तर्मन में प्रकृति के इस घात प्रतिघात से सैकड़ों वाद्य एक साथ बज रहे थे। वे वाद्य केवल स्वाति ऋषि की ही कल्पना में थे। लय का अनिर्वचनीय काम हो रहा था—

धिग् धिग् कट् कट् पट् पट् कत पट् पट कत्त,

धिं क्डां धिं धिं, किन् किन् किन किन् धक् धिन् धक् धिन्—

उन्हें लगा कि स्वयं नटराज शिव को अपने ताण्डव नृत्य के लिए अपने लय का वाद्य मिल गया। अब आशुतोष शिवशंकर का नृत्य अपनी सम्पूर्णता के साथ प्रतिष्ठित होगा। वे आँख बन्द करके उस सुरलोक की रंगस्थली में पहुँच गये जहाँ भगवान शिव का नृत्य सम्पन्न होने को था। ऋषि स्वाति स्वयं उन मुद्राओं का अनुकरण करने लगे।

वर्षा और तेज़ हुई। ऋषि स्वाति को तब जल ले जाने की सुधि आई। पात्र में जल भरा और आनन्द की उसी लय में पग बढ़ाते हुए अपनी कुटिया में वापस लौटे। जल पात्र को अपने स्थान पर रखा और समाधिस्थ होकर बैठ गये। उन्हें प्रकृति के उस ताल क्रम को किसी वाद्य में बाँध लेना था। उन्होंने विश्वकर्मा का ध्यान किया। विश्वकर्मा देवलोक के सर्वसमर्थ शिल्पी थे—कुछ भी कर सकने में—निर्मित कर सकने में समर्थ!

"ऋषिवर! क्या आज्ञा है? मैं विश्वकर्मा आपकी सेवा में उपस्थित हूँ।"

स्वाति ऋषि ने प्रसन्न मुद्रा में आँखें खोलीं और उन्हें देखकर बोले—

'आनन्द हो, कल्याण हो देवशिल्पी विश्वकर्मा! तुम तो मनोरथ के अनुरूप वास्तु शिल्प को जन्म देने में समर्थ हो। तुम्हें ज्ञात है कि स्वयं

देवाधिदेव नटराज शिव के ताण्डव नृत्य रचना में उस विराट फलक पर उनकी असीमित गति की लय को बाँधने वाला कोई भी ताल वाद्य इस संसार में समुपस्थित नहीं है। स्वयं देवलोक में भी उस लय को ताल में निबद्ध करने वाला कोई वाद्य नहीं। गुरुदेव प्रजापति ब्रह्मा ने मुझे ऐसे ताल वाद्य की कल्पना करने और उसे निर्मित कराने के यत्न का आदेश दिया जो स्वयं प्रकृति और पुरुष की इस अद्‌भुत लय को हर श्रोता के लिए सुलभ कर दे। आज देवराज इन्द्र की कृपा से प्रकृति नटी और नटराज का वह सम्यक छन्द मुझे साक्षात् देखने और सुनने को मिला जिसे नटराज अपने नृत्य में समाहित करना चाहते हैं। उनके पद संचालन, उनकी अभय मुद्राएँ और आवर्तन प्रत्यावर्तन में जिस प्रकार मेघ, दामिनी, पवन और वर्षा की लक्ष-लक्ष बूँदें अपने आघातों प्रतिघातों से—धिं क्डां धिं धिं ति ति कत्त् ति ति कत्त, तिटि कट् पट पट- निर्मित करते हैं यह सब जिस वाद्य में बारंबार आवर्तन के साथ सम्भव हो जाय, उसे तुम अपने शिल्प कौशल से मेरे कल्पना लोक में बन रहे उस वाद्य को अब साक्षात् निर्मित करो। वह वाद्य जब बजेगा तो अपनी ध्वनि से—उस ध्वनि के विस्तार से—जहाँ जहाँ सुनाई पड़ेगा—वहाँ लोकमंगल होगा।''

विश्वकर्मा ने हाथ जोड़कर स्वाति ऋषि से तथास्तु कहा। आश्रम के सामने बने तुलसी के चौरे से उन्होंने मिट्टी उठायी। कुंभकार की भाँति उसे हाथों ही हाथों में घुमाया और एक गोल लम्बाकार वाद्ययन्त्र समुपस्थित कर दिया। उसके दोनों ओर पशु की खाल मढ़ी हुई थी। विश्वकर्मा ने उसके दोनों मुखों पर थाप लगाई तो लगा जैसे मेघगर्जन की पुनरावृत्ति हो रही हो। वे बोले—

''महर्षि स्वाति! अपने मनोनुकूल निर्मित यह ताल वाद्य आप ग्रहण करें। दोनों हाथों से बजने वाला यह ताल वाद्य आज से 'पुष्कर' कहलाएगा। इसे मैंने इस आश्रम की पवित्र 'मृदा' से निर्मित किया है इस कारण इसे मृदंग के नाम से भी संगीत जगत में प्रसिद्धि मिलेगी। आप इसे धारण करें और इसके वादन से स्वयं नटराज शिव की स्तब्ध असीम लय को ताल और छन्द से संयुक्त करें। आपके आशीर्वाद से यह वाद्य

जगत का कल्याण करेगा।"

विश्वकर्मा अन्तर्ध्यान हुए। स्वाति ऋषि ने पुष्कर वाद्य को प्रणाम किया। उसे माथे लगाया फिर दोनों हाथों से लेकर बजाना शुरू किया।

गड़ गड़ थुम्, गड़ गड़ थुम्

गण गण गणपति गज तनु मंगल

जय जगवंदन.....................

क्ड़ी धां क्ड़ी धां,

जय महेश गिरिजापति क्ड़ धाँ क्ड़ धाँ............... ।

और वे बजाते बजाते आनन्द विभोर हो गये। कभी वे दोनों हाथों से बजाते तो कभी एक हाथ से और कभी केवल उँगलियों से बजाकर 'ॐ कार' 'गं कार' आदि शब्द-ध्वनि निकालते। उनके वादन की गति और भी तीव्र हो गयी। बाहर प्रकृति की वर्षा, मेघ गर्जन और त्वरित तड़ित चालन उनके वाद्य से एकाकार हो गयी थी। लय और छन्द का नृत्य हो रहा था।

सहसा उन्होंने देखा कि उनकी कुटिया के भीतर एक प्रकाश पिण्ड उतर रहा है। वे तब भी निरन्तर उस पुष्कर वाद्य को बजा रहे थे। कुटिया में प्रकाश पिण्ड घनीभूत होता गया। उस आलोक से ऋषि स्वाति स्वयं ही तेजमंडित हो गये। उन्होंने आँख खोलकर देखा—उस प्रकाश पिण्ड में स्वयं पंचमुखी नटराज शंकर ही नृत्य कर रहे थे। उनके हाथ का डमरू वही बोल बजा रहा था जो स्वाति ऋषि अपने पुष्कर वाद्य में बजाना चाहते थे। स्वाति ऋषि ने हाथ जोड़कर उन्हें प्रणाम किया। वादन का क्रम रोककर समर्पित मुद्रा में खड़े हो गये। देवाधिदेव ने अभय मुद्रा में हाथ उठाकर आशीर्वाद देते हुए कहा—

'स्वाति! तुमने मेरे ताण्डव नृत्य को ताल और छन्द दिया है। इसी गति और लय पर सूर्य, चन्द्र, पृथ्वी, आकाश—सम्पूर्ण सौर मंडल, सम्पूर्ण नक्षत्र जगत अपने संतुलन के साथ नृत्य कर रहे हैं। उनकी गति और ताल जब भी भंग या विकृत होगी तो प्रलय काल उपस्थित होगा।

तुमने इस लय के साथ प्रकृति से मनुष्य का तादात्म्य उपस्थित किया है। तुमको मैं लोक कल्याण के लिए अपना आशीष देता हूँ। ये मेरे पाँच मुखों से तुम्हारे वाद्य के अनुरूप पृथक पृथक बोलों की रचना होगी। इनकी साधना से विभिन्न सिद्धियाँ प्राप्त होंगी। यह मेरा **सद्योजात** नामक मुख है। इससे तुम 'नन् नन् नन् नन् गिड़ि गिड़ि दगि दगि' आदि बोल प्राप्त करोगे। मेरा यह दूसरा **वामदेव** नामक मुख 'थों गिन् थों गिन् थों थों थों गिन् तट् थों गिन तत् किटि तत्' के बोल प्रदान करेगा। और देखो! यह मेरा तीसरा **अघोर मुख** है—जो—तकि धिकि, तकि धिकि, टगु नगु टगु नगु आदि बोलों का मंत्र सिद्ध कर देगा। मेरा यह **तत्पुरुष मुख**—तत् ता तत् ता धि धि धि धि, गिड़ि दा गिद्दा गिड़ि दा गिद्दा आदि स्वरोत्पत्तियों से सिद्धि के दूसरे चमत्कार उपस्थित करेगा। और अन्ततः यह मेरा पाँचवाँ '**ईशान**' मुख है जो 'धर कट् धर कट् गिदि नगि गिदि नगि' आदि हस्तपाट बोलों से तुम्हारे इस वाद्य यन्त्र को मंगलकारी बनाता हुआ उत्तरोत्तर पूज्यनीय प्रतिष्ठा देगा। स्वरोपासना में यह प्रमुख माध्यम बनेगा। इसके माध्यम से जो मेरा सान्निध्य प्राप्त करना चाहेगा उसे मैं सहज ही सुलभ हो जाऊँगा।''

आलोक पिण्ड तिरोहित हो चुका था। बाहर वर्षा का वेग समाप्त था। भोर होते-होते आश्रमवासी कुटिया के द्वार पर खड़े आँखें बन्द करके सुन रहे थे। कुटी के भीतर आनन्द वर्षा हो रही थी। वही मेघ गर्जन, पवन की वही सन् सन् सन् सन्, बूँदों की वही किन् किन् किन् किन्, आघात-प्रतिघात बौछारों का एक सधी हुई लय पर आना और उड़ते हुए चले जाना। जैसे अनन्त विराट नृत्य की एक छवि आश्रम वासियों को सहज ही सुलभ हो गयी थी। स्वाति ऋषि कुटी के भीतर अब भी मृदंग बजा रहे थे।

❑❑❑

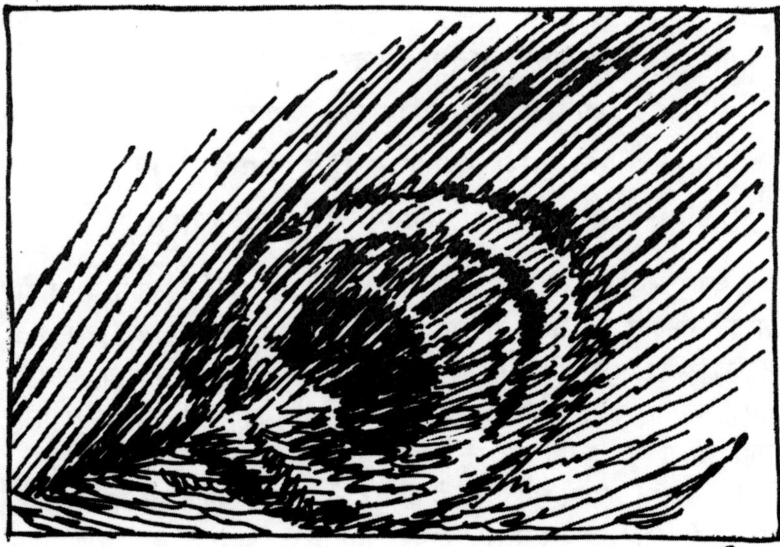

मोर पंख का संगीत

विग्रह के सामने पद्मावती तन्मय होकर नृत्य कर रही थी। मण्डप के प्रांगण में बैठे हुए कवि जयदेव गा रहे थे। वीणा बज रही थी। कोमलकान्त पदावली की रचना काव्य शिखरों को स्पर्श कर रही थी—

प्रलय पयोधि जले धृत वानसि वेदम्
विहित वहित्र चरित्रम खेदम्
केशव धृतमीन शरीर, जय जगदीश हरे।

कवि जयदेव दशावतार की यशलीला गान गाते ध्यान मग्न थे। पद्मावती के नृत्य में उन्हें साक्षात् राधा रानी के समर्पण की आद्यान्त लीला के दर्शन हो रहे थे। उनके भावरुद्ध कण्ठ से अस्फुट शब्द निकल रहे थे।

श्रृत कमला कुच मण्डल धृत कुण्डल ए।
कलितं ललित वनमाल जय जयदेव हरे।।

....

अभिनव जलधर सुन्दर धृत मन्दर ए।
श्री मुख चन्द्र चकोर जय जयदेव हरे॥
तव चरणे प्रणतावय मिति भावय ए।
कुरु कृषलं प्रणतेषु जय जयदेव हरे॥

कवि जयदेव गाते गाते इतना भाव निमग्न हो गये कि उनके कण्ठ से शब्द निकलने ही बन्द हो गये। वहाँ केवल अब स्वर ही स्वर थे। उनकी आँखें बन्द थीं। फिर वे स्वर भी मंद से मंदतर होते गये, केवल वीणा बजती रही। क्रमशः वे उस ध्रुवानुस्मृति की स्थिति में पहुँच गये जहाँ वीणा की ध्वनि भी मूर्छित हो गयी। पद्मा ने नृत्य समाप्त कर दिया। साष्टांग प्रणाम की मुद्रा में विग्रह के सामने प्रणत हो गयी। फिर वह उठी और आकर उसने अपने पति कवि-जयदेव के चरणों का स्पर्श किया और उन्हीं के पास चुप बैठ गयी।

कवि जयदेव और उनकी पत्नी पद्मावती का यह नित्य का क्रम था। श्री जयदेव उन दिनों राधा-माधव की लीला **'गीत-गोविन्द'** के प्रणयन में संलग्न थे। रात के अन्तिम प्रहर में वे मन्दिर में आते और आत्म-निवेदन करते। जो रचते उसे आकर मंदिर में अपने प्रभु को समर्पित करते और उनसे अपनी कृति की सहज स्वीकृति प्राप्त करते। उनकी पत्नी नृत्यांगना पद्मावती इस अलौकिक सृजन कर्म में उनके साथ निरन्तर लगी रहती। उनके सोने, जागने, उठने बैठने, लिखने पढ़ने—कार्य और विश्राम सबके साथ पद्मावती छाया की भाँति जुड़ी रहती। उन्हें भोजन कराकर उसके बाद उसी थाली में अन्न ग्रहण करती। वे जो लिखते उसे पद्मा गाती और उन छन्दों का भावाभिनय करके नृत्य करती। कवि जयदेव को इस प्रक्रिया में अपनी कृति साक्षात् मूर्तिमान होती दिखती।

उस दिन सारी रात जयदेव सो नहीं सके। राधा-माधव की सम्पूर्ण रसलीला उनकी आँखों के सामने हृदय पटल पर प्रत्यक्ष आकार ग्रहण कर रही थी। उन्हें लग रहा था कि अब वे उस लीला के मात्र दर्शक नहीं हैं—वे उस रस के सहभोगी भी हैं। वे चौंककर बार बार उठ

बैठते—कहीं कुछ नहीं था। पास ही भूमि पर उनकी पत्नी पद्मा सो रही थी। वे फिर आँख बन्द करके लेट गये। फिर वही वंशीध्वनि-फिर राधा की वही गान लीला-सारा वृन्दावन उस अपूर्व रस-मेले में वंशी, मंजीर और नूपुरों में प्रतिध्वनित होकर नृत्य कर रहा था। वे उठकर बैठ गये। धीरे से कुटिया का द्वार खोला और बाहर निकल आए।

चन्द्रमा क्षीण होकर निस्तेज हो रहा था फिर भी उसका प्रभामण्डल अड़ोस-पड़ोस की पहचानों को स्पष्ट कर रहा था। कवि जयदेव ने अनुभव किया कि जो वे स्वप्न में देख रहे थे वही वनस्पति जगत उनके चारों ओर चक्राकार नृत्य कर रहा है। उन्होंने घबराकर आँखें बन्द कर लीं।

निन्दति चन्दनमिन्दु किरणमनु विन्दति वेदम् धीरम्
व्याल निलय मलिनेन गरलमिव कलयति मलय समीरम्
सा विरहे तव दीना
माधव मनसिज विशिख भयादिव भवनया त्वयि लीना।

वे कब तक खड़े गाते रहे उन्हें कुछ पता नहीं चला। होश आया तो चुपचाप भीतर आकर शैया पर बैठ गये—आँख बन्द कर प्रभु से विनती करने लगे—

"मेरे प्रभु! मेरी परीक्षा न लो। मैं इस रस के आस्वाद का वर्णन नहीं कर सकता हूँ। तुम स्वयं ही अपनी लीला का गान रसिक जनों के लिए करो। यह मेरी सामर्थ्य से परे है। हे गोविन्द! मैं तुम्हारी शरण में हूँ।"

उनकी आँखें झपक गयीं। वे फिर उसी लोक में डूब गये।

सुबह होते-होते वे निवृत्त होकर अपने आसन पर बैठ गये। उनकी लेखनी 'गीत-गोविन्द' के दशम् सर्ग पर अटकी हुई थी। आँखों के सामने राधा-माधव की एकान्त लीला चल रही थी। राधा रानी अपने मान पर अचल होकर बैठी थीं। माधव राधा से वह कठोर मान त्यागने के लिए बारम्बार अनुनय कर रहे थे—

प्रिये चारुशीले प्रिये चारुशीले,
मुञ्च मयि मानं निदानम्।।

कवि जयदेव राधा माधव की मान लीला का प्रसंग गाते-गाते द्रवित हो उठे। माधव की प्रणयजन्य करुणा हृदय के तटबन्ध तोड़कर जयदेव की आँखों से प्रवाहित होने लगी। उन्हें पद्मावती की प्रणयकथा की याद आने लगी। कवि जयदेव अब स्वयं माधव हो गये थे और प्रेयसी पद्मावती मानिनी राधा। पद्मावती ने झाँककर देखा। कवि जयदेव के अश्रु ढुलक रहे थे और वे बराबर लिखते जा रहे थे। कवि की कल्पना में श्री राधा रानी के चरण कमल थे—

स्थल कमल गञ्जनं मम हृदय रञ्जनं।
जनित रति रंग पर भागम्
भण भसृण वाणि कर वाणि चरण द्वयं
सरस लस दलक्त करागम्॥ प्रिये चारु०॥
स्मर गरल खण्डनं मम शिरसि मंडनं
... ॥

उनकी लेखनी यहाँ तक आकर स्तब्ध हो गयी। आगे उनसे लिखा नहीं जा रहा था। जो लिखना चाहते थे उसे लिखने का साहस नहीं था। चुपचाप सिर पकड़कर बैठ गये।

दोपहर का सूरज चढ़ आया था। पद्मावती ने फिर झाँककर देखा। कवि जयदेव चुपचाप बैठे हुए थे। उसने साहस करके कहा—

'दिन ढलने को आ गया—आपने स्नान ध्यान कुछ नहीं किया। भोजन भी तैयार हो चुका है। जैसी आज्ञा हो—'

कवि जयदेव की तन्द्रा टूटी। कलम चौकी पर रख दी। उठे और पद्मावती से बोले—

'इस अष्टपदी का एक चरण फँस गया है। कुछ समझ में नहीं आ रहा क्या करें। तुम ठीक कह रही हो, अब नहा धोकर फिर बैठूँगा इस पर कुछ विचारने के लिए।' उन्होंने स्नान के लिए अपनी धोती अँगौछा उठाया और नदी की ओर चले गये।

कुछ ही क्षणों के बाद कुटिया के द्वार पर आहट हुई। पद्मावती ने उठकर दरवाज़ा खोला—देखा—पतिदेव वापस आ गये हैं। इस अचानक वापसी से चकित होकर बोली—

'अरे आप! इतनी जल्दी वापस आ गये?'

कवि जयदेव ने हँसकर कहा—

'हाँ वह उस अष्टपदी का अन्तिम चरण पूरा हो गया इसीलिए जल्दी आ गया कि कहीं भूल न जाऊँ। उठाओ वह ग्रन्थ, लाओ लिख दूँ।'

उन्होंने उसका अन्तिम चरण लिखकर पूरा किया। पद्मावती ने भोजन परोसा और कवि जयदेव तृप्त होकर अपनी शैय्या पर विश्राम के लिए लेट गये।

पद्मावती ने पति की थाली में बचे हुए अन्न के साथ अपनी रोटी रखी और राधा-माधव का स्मरण करके ग्रास उठाने ही जा रही थी कि दरवाज़े पर पुनः आहट हुई। पति की निद्रा में विघ्न न हो, इसलिए वह धीरे से उठी और लगभग निःशब्द द्वार खोला। वह चकित रह गयी—

अपने गीले वस्त्र हाथ में लिए उसके पति कवि जयदेव फिर सामने खड़े थे। पद्मा के हाथ में जूठन लगी हुई देखकर श्री जयदेव आश्चर्य से बोले—

'अरे पद्मा! यह क्या? आज तुमने बिना ठाकुर जी का भोग लगाए, बिना मुझे भोजन कराए स्वयं कैसे भोजन कर लिया? यह क्या हुआ?'

पद्मावती रो पड़ी। उसने कहा—

'प्रभु! अभी तो आप आए थे। आपने स्वयं उस 'गीत गोविन्द' के चरण को पूरा किया—मेरे हाथों से भोजन प्राप्त किया और शयन कर रहे थे। और अब आप फिर इन गीले वस्त्रों में ....? यह कैसा इन्द्रजाल है प्रभू?'

कवि जयदेव ने कहा—'नहीं मैं तो नहीं आया था' कहते हुए अपनी शैय्या की ओर बिजली की कौंध की तरह लपके। वहाँ कोई नहीं था।

सिरहाने केवल एक मोरपंख पड़ा था। उन्होंने उसे उठा लिया। फिर पद्मा से गीत गोविन्द की वह पाण्डुलिपि माँगी जिसमें अष्टपदी का वह स्थगित चरण पूरा हुआ था—

'स्मर गरल खण्डनं मम् शिरसि मंडनं'
के आगे अत्यन्त सुलेख अक्षरों में लिखा था—

''देहि पद पल्लव मुदारं।''

कवि जयदेव अपने ग्रन्थ को अपनी छाती से चिपका कर रोने लगे। पद्मा से बोले—''यही-यही तो मैं लिखना चाहता था पद्मा। परन्तु मेरा साहस नहीं होता था। बिना इन श्री चरणों को पकड़े कोई उद्धार संभव नहीं। प्रभु स्वयं आ गये और उन्होंने मेरा संकोच तोड़ दिया।''

फिर वे रसोईघर की तरफ लपके और पद्मा की जूठी थाली में से अन्न बटोरकर विक्षिप्त की तरह खाने लगे। पद्मा ने ऐसा करने से रोकने के लिए उनका हाथ पकड़ लिया। वे आर्त्त स्वर में रोते हुए बोले—

'पद्मा! यह मेरे प्रभु का भोग लगाया हुआ प्रसाद है। यही मेरी रचना को उनका आशीर्वाद है।'

वे 'देहिपदपल्लव मुदारं' को गा गा कर नाचने लगे। कवि जयदेव ने इसके बाद शेष सर्ग लिखकर गीत गोविन्द को पूरा कर दिया।

अब वे केवल उसी गीत गोविन्द को—श्री राधा माधव की रसलीला को अलमस्तों की तरह सब ओर गाते फिरते। स्वयं पुरुषोत्तम जगन्नाथ उनके पीछे-पीछे उस कोमल कान्त पदावली को सुनने के लिए व्याकुल होकर दौड़ते रहते!! कवि जयदेव जहाँ भी उस काव्य का गायन करते वहाँ वे एक अभिनव-वृन्दावन की सृष्टि करते जाते। इसी गायन को **प्रबन्ध-गायन** के नाम से जाना गया। साहित्य संगीत और नृत्य तीनों ने कवि जयदेव की वाणी का संस्पर्श पाकर अपने शिखरों को दीप्तमान कर दिया। उस मोर-पंख से उद्भूत संगीत-काल के प्रवाह में आज तक अपनी प्रतिध्वनियों की अनुगूँज पैदा करता रहा।

❑❑❑

कानी कौड़ी का मोल

तानसेन अपनी पुत्री सरस्वती और गुरुभगिनी रूपवती की शिक्षा पूरी करके जब आसन से उठने लगे तो सम्पूर्ण आकाश में हल्के-हल्के बादल छा रहे थे और यत्किंचित हल्की-हल्की फुहारों का झोंका ठण्डी हवा के साथ आने लगा था। तानपूरे के स्वरों की झंकार की तरह वे फुहारें लहराती हुई तानसेन के भवन की बुर्जियों से टकराती हुई चली जातीं। तानसेन उन फुहारों में भीगते, आकाश की ओर निहारते हुए खड़े थे।

सरस्वती ने साजों को उपयुक्त स्थान पर रखने के पश्चात पिता को इस तरह चिन्तामग्न देखकर पूछा—

"बापू क्या बात है? आप किस चिन्ता में डूबे हुए हैं? आप तो हमें सिखाने के बाद जब उठते थे तो हमेशा प्रसन्न होकर खिल उठते थे। आज तो आपने यह राग भी सम्पूर्ण कर दिया है। हमसे कोई चूक हो गयी क्या बापू? आपने जैसा हमें सिखाया, हमने वैसा करने की कोशिश की। जो प्रभाव आप हमारे गायन से उम्मीद करते थे—हमने तो बहुत

छोटे स्तर पर प्रकृति को भी अपने रंग में रंग लिया। आपको चिन्ता में देखकर हमें बड़ी उलझन है। हमसे कहाँ चूक हुई यह तो बताइये बापू?''

तानसेन की तन्द्रा टूटी।

''नहीं बेटा नहीं। तुम दोनों से कोई चूक नहीं हुई। तुम्हारे गायन पर तो शारदा माँ की साक्षात् कृपा देख रहा हूँ। थोड़ी देर तुम लोग तन्मयता के साथ यही मेघराग गाती तो यही बादल प्रलय वर्षा करने लग जाते। अब परीक्षा काल निकट आ गया है। हमारी भी और तुम्हारी भी परीक्षा होने को है। तैयार हो जाओ!''

''कैसी परीक्षा बापू?'' सरस्वती ने पूछा।

''बेटी! कला की सिद्धि और प्रसिद्धि ईर्ष्या को जन्म देती है। मेरी संगीत साधना से डाह रखने वालों ने शहंशाह को चंग पर चढ़ाकर मुझसे दीपक राग का चमत्कार दिखाने का शाही हुक्म करवाया है। अब मेरे लिए दोनों हालात में मौत है। यदि मैं दीपक राग उसकी सिद्धि के साथ गाता हूँ तो उसकी प्रज्ज्वलित अग्नि मुझको और सारे परिवेश को भस्म कर देगी। और अगर उसे नहीं गाता तो बादशाह की नज़रों में मेरी प्रतिष्ठा हमेशा के लिए गिर जाएगी। वह मेरी शारीरिक मृत्यु से भी बड़ी और भयानक मृत्यु होगी। यही उन घटिया दरबारी गायकों का षड्यन्त्र रहा है जो कि अब सफल होने जा रहा है। मेरी माँगी हुई वक़्त की मियाद पूरी हो रही है। दो दिन बाद मुझे दरबार में दीपक राग गाना ही है।''

तानसेन चुनौती को महसूस करते हुए बोल रहे थे। उनके स्वरों में मृत्यु की छाया मंडरा रही थी। सरस्वती और रूपमती भी चिंतित हो उठीं। संगीत की महाविद्या जो इतने समय तक तानसेन को श्री और विभूति से निरन्तर सम्पन्न करती रही आज उनके सम्मुख काल की भाँति खड़ी थी। बेटी ने पिता की आँखों को पढ़ते हुए पूछा—

''शास्त्रों में इसका कोई समाधान तो होगा ही बापू! और आपको वह समाधान भी अवश्य मालूम होगा। वह समाधान क्या है?''

तानसेन ने कहा—"है। समाधान तो शास्त्रों में है ही....इन्द्र यज्ञ के साथ यदि यही मेघराग सम्पूर्ण ढंग से गाया जाय तो दीपक राग की ज्वाला शान्त हो जाती है। परन्तु जलने वाला गायक इतनी जल्दी न तो यज्ञ ही सम्पन्न करा सकता है और न तो मेघराग ही शान्तचित्त से गा सकता है। इस हेतु उसकी मृत्यु तो निश्चित है।" सरस्वती का आत्मविश्वास बोला—

"परन्तु यह मेघराग तो आपने हमें सिखा ही दिया बापू! हम यज्ञ करेंगे और बदलों से मूसलाधार वर्षा कराकर दिल्ली और आगरे को एक कर देंगे। आप गाइये दीपक राग। जलने दीजिए इस दिल्ली को और यहाँ के ऐसे कठोर दिलवाले शहंशाह को। जो अपने कलाकार का सम्मान करना नहीं जानते उन्हें भस्म हो जाने दीजिए। वे सब अचरज से देखेंगे कि शारदा माँ की कृपा से आपका बाल बाँका भी नहीं होगा।"

तानसेन के माथे पर से चिंता की रेखाएँ मिटने लगीं। वे सहज हो उठे। बेटी और गुरुभगिनी को गले से लगा लिया। जो फुहारें बाहर भिगों रही थीं वे अब तीनों की आँखों में थीं।

× × × ×

दिल्ली दरबार मंत्रमुग्ध था। हर दरबारी के प्राण उसके नाख़ूनों में आ बसे थे। सभी दीपक राग के चमत्कार देखने को उत्सुक थे। तानसेन के विरोधियों में आशंका और हर्ष की जो दबी दबी लहरियाँ उठ रही थीं—वे उनके चेहरों पर व्यक्त हो रही थीं। मुगल सल्तनत का शहंशाह अकबर स्वयं अपने परम मित्र और सिद्ध गायक को कसौटी पर चढ़ा बैठा था। उसके मन में परिणाम की भयावह आशंका उठती और वह अपने हठ पर भीतर ही भीतर ग्लानि से भर उठता था। जैसे कुछ अनहोनी होने वाली थी।

तानसेन अपने आसन पर ध्यानमग्न बैठे थे। तानपूरे बज रह थे। वीणा और पख़ावज उनके स्वरादेश पर गतिमान हो रहे थे। तानसेन के कंठ से स्वरों की फुलझड़ियाँ छूट रही थीं। हर फुलझड़ी कुछ देर तक

जलती और महफ़िल में अपनी चमक छोड़ जाती। फिर तानों के अनार छूटने लगे। हर स्वरपुंज आतिशबाजी की चर्खी की तरह घूमता हुआ आता और सुनने वालों को अपनी चमक और ऊष्मा से बेचैन करने लगता। दरबारियों ने अपने लबादे के बन्धन ढीले कर दिए—भीतर से आग जैसी उठने लगी थी। स्वयं शहंशाह अकबर तख़्त पर बैठा बेचैन और परेशान हो रहा था। पानी और शर्बत के गिलास पर गिलास ख़ाली किए जा रहा था—केवड़ा और गुलाब जल छिड़के जा रहे थे पर कोई राहत नहीं। तानसेन की तो जैसे समाधि लग गयी थी। वे उस अग्नि रेखा से निरपेक्ष अपने राग के संचारी और आभोग के चरणों को स्पर्श कर रहे थे। दरबार में जैसे एक के बाद एक उल्का पिंड बरस रहे थे। हर व्यक्ति मानो सन्निपात के ज्वर से ग्रस्त हो गया था। मियाँ तानसेन के स्वरों में संघर्षण की उग्रता बढ़ती गयी। लोगों ने देखा कि बुझी हुई मशालें अपने आप सुलगने लगीं और कन्दीलों में लगी हुई मोमबत्तियों में हल्की-हल्की रोशनी का आभास आने लगा। गायन का क्रम और गतिशील तथा तीव्र हुआ। स्वरों की रगड़ से अब जो ऊष्मा उत्पन्न हुई, उसने सभी दीपों को एक साथ प्रज्ज्वलित कर दिया। अपने शरीर के भीतर इस आग को महसूस करते हुए सारे दरबारी घबराकर चीत्कार करने लगे—कपड़ों ने अपने आप आग पकड़ ली। झाड़, फ़ानूस, चादर, तकिये तोषक, कालीन तखत, पगड़ी अंगरखों, चपकनों, शिरोंपेचों में से हर तरफ धुआँ ही धुआँ निकलने लगा। शहंशाह अपना आसन छोड़कर भागने लगा। चिल्लाकर बोला—"बस करो! बस करो मियाँ तानसेन! तुम्हारा जल्वा देख लिया। बचाओ बचाओ नहीं तो सारी दिल्ली तुम्हारे राग में ख़ाक हो जाएगी।"

तानसेन की समाधि टूट गयी। स्वयं उनके कपड़ों में भी आग लग चुकी थी। उनके जो साथीदार बजा रहे थे, वे भी अब धुआँ-धुआँ थे। आग की उस भगदड़ में तानसेन भी अपने महल की तरफ तेज़ी से दौड़े।

सरस्वती और रूपमती इन्द्र की पूजा कर चुकी थीं। मेघराग का संधान कर रही थीं। राग की बढ़त और उसके शिखर तक आने में ज्यों ज्यों समय बीत रहा था तानसेन अपनी भीतरी और बाहरी झुलस की

शान्ति के लिए खुले आकाश के नीचे बेचैन करवटें बदलते रहे। सरस्वती की स्वर साधना आकाश में भटके हुए बदलों के टुकड़ों को इकट्ठा करने लगी। फिर वे घुमड़ घुमड़ कर आने लगे। उनकी गरज के साथ तानसेन में जैसे नये जीवन का संचार होने लगा। फुहारें पड़ीं और देखते-देखते तानसेन स्वयं मेघराग गाने लग गये थे। जलन शान्त हो गयी। उस वर्षा ने पूरी दिल्ली को सही अर्थों में जीवनदान दिया।

× × × ×

मियाँ तानसेन अब भी बिस्तर पर थे। भीतर की जलन तो किसी कदर मिटी थी, लेकिन पूरे शरीर पर जो फफोले निकल आए थे उनमें कोई राहत न थी। सरकारी हकीमों की पूरी जमात शाही हुकुम से इस महान गायक की सेवा में लगी हुई थी। लेकिन राग का जला भला आग जले के मलहम से कैसे ठीक होता! सरस्वती और रूपमती हर समय उनकी सुश्रुषा करतीं—उनकी शांति के लिए उनके ही बनाए हुए राग उन्हें गाकर सुनातीं। तानसेन का हाल पूछने ख़ुद बादशाह कई बार आया। तानसेन के लिए कमल पत्रों की शैय्या बनायी गई थी। उनके पूरे बदन पर चन्दन और कपूर का लेप चढ़ाया जाता—पंखे झले जाते, चारों तरफ फौव्वारे चलते रहते, गुलाब और केवड़ा जल से सारा माहौल तर रहता। लेकिन इस सबसे तानसेन की तड़पन में कोई खास कमी नहीं आई। अन्तत: एक दिन अपनी बेटी से बोले—

"बेटी सरस्वती! इस तरह के इलाज से यह मेरी जलन ठीक होने वाली नहीं। इसके घाव बहुत भीतरी हैं। ठीक होने के लिए मुझे गुरु महाराज के चरणों में वृन्दावन ही जाना पड़ेगा। जब तक मैं अपनी अर्जी खुद श्री बाँके बिहारी जी के चरणों में नहीं पहुँचाऊँगा, मेरी इस जलन का शमन नहीं होगा। मुझे वृन्दावन पहुँचाने का इन्तिज़ाम करो बेटी?"

अगले दिन जब शहंशाह अपने मित्र गायक का हाल पूछने आए तो बेटी सरस्वती ने अपने पिता की इच्छा उन तक पहुँचा दी। तानसेन की दुर्दशा पर अकबर स्वयं बहुत दुखी था। उसने तानसेन को वृन्दावन पहुँचवाने की तुरन्त शाही व्यवस्था करवायी। वृन्दावन पहुँचकर तानसेन अपनी दुर्दशा का वर्णन करके अपने गुरु स्वामी हरिदास जी के चरणों

में रोने लगे। स्वामी हरिदास ने तानसेन के सिर पर हाथ फेरा और उन्हें श्री बाँके बिहारी के मन्दिर में जाकर प्रार्थना-गायन करने को कहा।

अगले दिन मंगला आरती के समय तानसेन आत्मविभोर होकर प्रभु के चरणों में भैरव राग में निवेदन कर रहे थे।

गोविन्द गोपाल गरुणगामी,
गोपीनाथ गोबरधनधारी गोप मनरंजन।
बंसीधारी गिरधारी कुंजबिहारी,
बहुरूपधारी कंसारी मुरारी गर्व प्रहारी दुष्ट गंजन।
मधुसूदन माधव मधुरापति,
मुक्तेश्वर मनभावन दुःख भंजन।
बासुदेव बिठ्ठल बनवारी बद्रीनाथ,
बौद्ध रूप विष्णु तानसेन भक्त मन रंजन॥

इस ध्रुपद के बाद श्री बाँके बिहारी जी के मन्दिर की मूर्ति का पर्दा झाँकी के लिए हटा, तब उन्होंने फिर गाया—

भोर भए भैरव गावत भर मुरली में श्री वृन्दावन मधबनवारी,
सप्त स्वर तीन ग्राम अकइस मूर्छना लाग डाट उरपतिरप धारी।
मधु माधवी भैरवी बंगाली बरारी सैंधवी यह भैरव की संग नारी,
तानसेन के प्रभु तानन मानत मोह लीनी ब्रजनारी॥

और वे गाते ही रहे। उनकी आँखों से जो करुणा निरन्तर छलक छलक कर प्रभु के चरण कमलों को धो रही थी उसने समस्त वृन्दावन के हरिलीला गायन-समाज को द्रवित कर दिया। तानसेन की गायन महिमा से तो पूरा देश परिचित था। आज उसका साक्षात् प्रसाद पाकर वृन्दावन धन्य हो उठा।

गायन समाप्त हुआ तो स्वयं तानसेन देर तक अपनी सुध-बुध बिसार कर वहीं बैठे के बैठे रह गये। उनके भीतर अपूर्व शांति छा रही थी।

जलन पूरी तरह से लुप्त हो चुकी थी। चारों ओर से 'धन्य हो' 'धन्य हो' की आवाजें उठ रही थीं। तभी गोसाईं जी महाराज आए। उनके हाथ में एक थैली थी। उन्होंने अतिशय प्रसन्न होकर वह थैली मियाँ तानसेन के हाथों में रख दी। तानसेन ने थैली खोलकर देखा—उसमें एक हजार सोने की मुहरें थीं और साथ में एक कौड़ी भी। तानसेन खड़े हो गये, हाथ जोड़कर पूछा—

"महाराज! सेवक के गायन पर आप प्रसन्न हुए—यह इस दास का सौभाग्य है। किन्तु मोहरों के साथ आपने मुझे एक कौड़ी प्रदान करके क्या समझाया है, यह मैं नाचीज़ समझ नहीं सका।"

गोसाईं जी महाराज बोले—

"तानसेन तुम सचमुच संगीत सम्राट हो। प्रभु ने अपने तेज का बड़ा महत्वपूर्ण अंश तुम्हें प्रदान किया है जो तुम्हारे कंठ में बसता है। सूरदास कवि ने सही कहा है—

विधिना यह जिय जानि कै
शेषहिं दिए न कान।
धरा मेरु सब डोलते,
तानसेन की तान॥

आज कौन है जो तुम्हारे संगीत से द्रवित न हो जाए? दिल्ली के शहंशाह ने तुम्हें अपने नौरत्नों में रखा। तुम्हारे गायन का सम्मान करने के लिए हमने वृन्दावन वासियों की ओर से तुम्हें एक हज़ार शाही मोहरें भेंट की हैं, किन्तु अब तुम दिल्ली के दरबार में मात्र शाही गायक होकर बादशाह की स्तुति गाते हो। भगवान की लीला और महिमा जिसका प्रभाव तुमने अभी देखा उसे तुम वहाँ रहकर भूल गये। अतः तुम्हारे गायन का सही मूल्य यह कानी कौड़ी ही सदा बताती रहेगी।"

तानसेन को गोसाईं जी की चेतावनी से गहरा धक्का लगा। वे बादशाह के आग्रह पर दिल्ली तो लौट आए, परन्तु उनका चित्त वृन्दावन में ही लगा रहा। वे नित्य श्री वृन्दावन बाँके बिहारी का ही ध्यान करते

और उन्हीं के लिए अपना गायन समर्पित करते—

'प्रथम उठ भोरहि राधे कृष्ण कहो मन,

जासों होवै सब सिद्ध काज ....।'

तानसेन के स्वरों की एकाग्रता ने उनके मन में ऐसी ज्योति जगाई जिसमें वे उत्तरोत्तर लीन हो गए। वे अपने ध्यान को ही गाने लगे। यही ध्यान आगे चलकर ख्याल की मुख्य भूमिका बना।

❑❑❑

साँची कहत तुम सदारंग

मुग़लिया हुकूमत का सूर्यास्त हो रहा था। दिल्ली का तख़्त अब इस सूर्यास्त को देख रहा था। उसने उसका उदय भी देखा था और मध्याह्न का प्रचण्ड ताप भी। सूर्य के इस उतार को देखने के लिए अब मुहम्मद शाह सिर्फ दिल्ली शहर का बादशाह रह गया था। उसका राजनीतिक दबदबा जरूर खत्म हो चुका था, लेकिन उसकी कलाप्रियता की शोहरत दूर दूर तक फैली हुई थी। गाने बजाने वाले कलावंत इस दरबार से प्रश्रय पाने के लिए अब भी देश के कोने कोने से दिल्ली पहुँच जाते। मुहम्मद शाह को संगीत में गहरी दिलचस्पी थी। नवीनता के नाम पर वह कभी कभी ऐसे प्रयोग करता और उनमें उन कलाकारों का इस्तेमाल करता जिससे गायकों और वादकों में अक्सर जबर्दस्त तनाव पैदा हो जाता। उनके स्वाभिमान को जाने-अनजाने मुहम्मद शाह ठेस लगाता चलता था। उस दिन भी कुछ ऐसा ही हुआ।

बादशाह मुहम्मद शाह ने वज़ीर को बुलवाया और पूछा—

'तो क्या कहा नियामत खाँ ने?'

वज़ीर ने झुककर आदाब करते हुए कहा—

'गुस्ताख़ी माफ हो जहाँपनाह! नियामत खाँ साहब ने सारंगी के साथ अपनी बीन बजाने से साफ इंकार कर दिया। उन्होंने कहा कि सारंगी निहायत घटिया बाज है। इसका तवायफों के साथ बजना ही ठीक है। रंडियों के साथ मुजरे तक ही इसकी हद है। बीन को इस घटिया दर्जे के साज़ के साथ नहीं बजाया जा सकता। बीन को तो खाँ साहब 'इबादत का बाजा' कहते हैं। सारंगी के साथ उसे बजाने से बीन की तौहीन होती है ऐसा वह कहते हैं। उन्हें तो धुरपदिया गायकों के साथ पीछे बैठकर बीन पर संगत करना भी नापसन्द है। वे इसको भी बीनकारों की तौहीन समझते हैं।'

मुहम्मद शाह अपने को संगीत का गुण ग्राहक और नये रास्तों का अन्वेषक मानता था। उसने अपने नाम के साथ 'रंगीले' यही दिखाने के लिए ही लगा रखा था। नियामत खाँ का यह जवाब सुनकर रंगीले शाह मुहम्मद शाह को गुस्सा आ गया—

'उसकी ये हिम्मत कि वह शाही हुक्म को इस तरह इंकार कर दे? दो कौड़ी का बीन बजाने वाला अपने को ध्रुपदियों से ऊँचा समझता है? अपने बाज को सारंगी से इतनी ऊँची चीज समझता है तो उससे कह दो कि अपने लिए कोई और दरबार ढूँढ़ ले। जाओ उससे कह दो कि वह दिल्ली छोड़कर आज ही दफ़ा हो जाय। उसके लिए इस दरबार में कोई जगह नहीं। जाओ जाकर कह दो।'

वजीर ने झुककर शहंशाह को सलाम किया और हुकुम की तामील करने महल से बाहर निकल गये।

उस्ताद नियामत खाँ के दरवाजे की कुंडी उन्होंने फिर खटखटाई। अन्दर से बीन की आवाज आ रही थी। आलाप बज रहा था। जो सन्देशा लेकर वज़ीर आए थे—वे खड़े-खड़े उस संगीत में डूबकर भूल गये। कब तक खड़े रहे कुछ पता नहीं। काफी देर बाद बीन का बजना बन्द हुआ तो वज़ीर को होश आया। जल्दी जल्दी कुंडी खटकाने लगे। ख़िदमतगार ने दरवाज़ा खोला और उन्हें उस्ताद नियामत खाँ साहब के

सामने ले गया। नियामत खाँ अपनी बीन को झार पोंछ कर रख रहे थे कि वज़ीर को सामने देखकर बोले—

'आइए तशरीफ रखिए। मैं आपका ही इन्तिज़ार कर रहा था। मेरे लिए क्या हुकुम लाए हैं—मौत का परवाना या दिल्ली शहर से दरबदर?'

वज़ीर ने सिर झुकाकर कहा—

'मैं क्या करूँ खाँ साहब, बादशाह सलामत सारंगी के साथ बीन बजवाने पर तुले हैं। जाने क्या मन में समाई है। हुकुम न मानने पर आपको दिल्ली से बाहर कर देने का शाही फ़ैसला हुआ है। अब आप ही तय कर लीजिए।'

नियामत खाँ अपनी बीन के सामने हाथ जोड़कर खड़े हो गये। उसके तुम्बे को छुआ और माथे लगाते हुए बोले—

'वज़ीर साहब नियामत खाँ अपनी जान दे सकता है, लेकिन अपने बाज की तौहीन नहीं होने देगा। ये तो मेरी माँ है। माँ की बेइज्जती कौन बर्दाश्त करेगा? आप जानते हैं कि मैं हुजूर दरबारे-अकबरी के नौरतन शहंशाह मौसीक़ी मियाँ तानसेन की लड़की सरस्वती देवी के खानदान का हूँ। मेरे अब्बा जान ने मेरा नाम इसीलिए निरमोल खाँ रखा था—क्योंकि मेरे हुनर की कोई कीमत कोई इंसान चुका नहीं सकता। इसलिए मैं निरमोल हूँ। मैं अपने साज़ को लेकर दिल्ली से जा रहा हूँ। हुजूर आलीजाह से कह देना कि वह अपनी जिद्द के लिए वक़्त आने पर पछताएँगे।'

× × × ×

नियामत खाँ चुपचाप लखनऊ चले आए। यहाँ भी उन्हें अपनी जान के ऊपर हमला होने का डर बराबर बना हुआ था। ज़िद्दी बादशाह पता नहीं क्या करे? उन्होंने अपना नाम बदल दिया। अब वह नियामत खाँ से बदल कर शाह सदारंग हो गये थे। उन्होंने अपनी बीन को भी उठाकर चुपचाप एक कोने में रख दिया। अब वह सिर्फ गाना गाने लगे। अब किसी को उन पर दिल्ली दरबार से भागे हुए नियामत खाँ होने का शक़ पैदा नहीं हो सकता था।

जहाँ वह बसे उसी मुहल्ले में एक मुसलमान बेवा थी। उस औरत के मरहूम शौहर अपने वक्त के एक अच्छे ध्रुपदिया थे। लखनऊ में उनका नाम था। जब तक उनके बच्चे अपने माँ बाप से कुछ सीख पाते तब तक वह चल बसे। दोनों बच्चे बहादुर खाँ और दुल्ली खाँ मज़े की सुरीली आवाज़ रखते थे। उस बेवा को यह ग़म खाए जा रहा था कि उसके बच्चे अपने बाप का गाना न सीख सके।

नियामत खाँ जो अब शाह सदारंग हो गये थे रोज सुबह अपने कोठे पर बैठकर गाने का रियाज करते। वे चाहते थे कि ध्रुपद की जगह किसी दूसरी तरह का गाना बजाना हिंदुस्तान में चले। उनके मन में ध्रुपदियों से चिढ़ थी। उन्हें हमेशा ध्रुपदियों के पीछे बैठकर ही बीन बजाना पड़ता था। वे ध्रुपदिये उनको हमेशा दूसरे दर्जे पर ही रखते और सामने न आने देते। शाह सदारंग ने जैसे मन ही मन क़सम खा ली थी कि वह ध्रुपदिये को तख़्त से नीचे उतारकर ही दम लेंगे। वह इस तरह का नया गाना बजाना शुरू करना चाहते थे जिसका दबदबा दिल्ली का शहंशाह भी मान ले।

उन्होंने ध्रुपद के बोल एकदम छोड़ दिये, उसकी जगह पर छोटे छोटे बोल बनाव की बंदिशें तैयार कीं। दो दो चार चार लाइनों की, अधिकतर उनमें शृंगारी भावनाएँ रहतीं। बीन के कारण वे आलाप अंग को तो मान चुके थे, लेकिन ध्रुपद के पूरे चौखटे को उन्होंने पूरी तरह से अस्वीकार कर दिया। शाह सदारंग ने अपने नये गायन में ध्रुपद के गुरु गाम्भीर्य को छोड़कर गाने में चपलता, शोखी, नज़ाकत और सुन्दरता का एक लुभावना मिश्रण तैयार किया। ध्रुपद गायन की एकरसता इस तरह एकदम ख़तम की। राग वही था—लेकिन उनकी बंदिशें अलग अलग तालों में बाँधी गयीं। ताल के बदल जाने से रागों के चलन में एकदम नया आकर्षण पैदा हुआ। अब उन्हें जरूरत थी ऐसे शागिर्दों की जो उनके इस नयी गाने की पद्धति को ख़ासो आम में सुनाकर लखनऊ से दिल्ली तक धूम मचा दें।

पड़ोस की मुसलमान बेवा नियामत खाँ का—शाह सदारंग का गाना सुनती और खिंचती चली जाती। गाने के जरिए ही खिंचाव बढ़ गया।

मौका देखकर उसने अपने दुल्ली खाँ और बहादुर खाँ को शाह सदारंग की शागिर्दी में रखने का प्रस्ताव किया। सोने में सुहागा मिला। मुसलमान बेवा और उसके दोनों बेटे शाह सदारंग से जुड़ गये।

शाह सदारंग ने पहले दोनों लड़कों को ध्रुपद गायन ही सिखाया और समझाया। फिर उन्होंने अपनी नये ढंग की गायन शैली उनके दिमाग़ में बिठाई। उन्होंने जो संगीत की रचनाएँ बनाईं उनमें मुहरबन्दी करके अपना सदारंग और मुहम्मद शाह रंगीले का नाम वे जरूर जोड़ते जाते। उन्हें अन्दाज था कि जब भी ये चीजें मुहम्मद शाह रंगीले के कान में पड़ेंगी तो वह सदारंग के बारे में जानने को बेचैन हो जाएगा।

उनके दोनों शागिर्द—दुल्ली और बहादुर 'पियाबंधु' के नाम से मशहूर हुए। उन्होंने शाह सदारंग की जैसी गायकी अपनाई और जिस अन्दाज़ में उसे पेश किया उससे उनकी नयी शोहरत हिन्दुस्तान के ऐसे दरबारों में पहुँच गयी जहाँ गाने बजाने के रसिक मौजूद थे। सदारंग अपने गायन को 'ख्याल गायन' कहते थे। यानी राग और उसकी चीज को इस तरह अपने गायन से सुनने वाले के सामने रखते कि उसके दिमाग में नयी तस्वीरें बनने लगतीं। इस शैली की नई और दिल फ़रेब आदाओं ने तमाम गवैयों को अपनी तरफ खींच लिया। गाने बजाने की दुनियाँ में जैसे एक जबर्दस्त क्रांति हो गयी।

'पियाबन्धु' के गायन की चर्चा धीरे-धीरे मुहम्मदशाह रंगीले तक पहुँची। दरबार में 'पियाबंधु' का गायन हुआ। उस गायन के आकर्षण का समाँ अनूठा था। बादशाह गायन पर तो मुग्ध था ही—बंदिशों के अन्त में आने वाले टुकड़े—'मुहम्मद शाह तुम सदा रंगीले' की मुहरबन्दी पर बहुत चकित भी था। गायन खत्म होने पर दोनों नौजवान कलावंतों को भरपूर इनाम दिया गया और तब मुहम्मद शाह ने पूछा—

'तुमने इस हुनर की तालीम कहाँ पायी? कौन हैं तुम्हारे उस्ताद कहाँ रहते हैं?'

दुल्ली खाँ ने कहा—

'हुजूर आलीजाह! हमारे उस्ताद तो जनाब हुजूर शाह सदारंग हैं। गाने का यह तौरो तरीका उन्हीं का ईजाद किया हुआ है। ये आलापचारी, ये चीज़ों की बंदिशें, ये इनके तान पलटे और ये तालों की बंदिशें—इनमें बोलों का बनाव—सब कुछ हमारे उस्ताद का ही तो है। अल्लाह उनके मुबारक कदमों का साया हमारे सिर पर बराबर बनाए रखे। वो आजकल लखनऊ में तशरीफ़ रखते हैं।'

बादशाह ने वज़ीर को हुक्म दिया कि उस्ताद को बाइज़्ज़त फ़ौरन दिल्ली बुलाया जाय। शाह सदारंग को इस बात का पहले ही पूर्वानुमान था कि जैसे ही उनके दोनों शागिर्दों का गाना बादशाह सुनेगा, वैसे ही उन्हें दिल्ली से बुलावा आएगा। वे तैयार ही बैठे थे—बुलावा आया और वे दिल्ली चल पड़े। दरबार में हाज़िर हुए।

मुहम्मद शाह ने उन्हें देखा तो देखते ही पहचान लिया।

'अरे नियामत खाँ तुम हो! ये तो अपना उस्ताद किसी शाह सदारंग को बताते हैं।'

नियामत खाँ ने बादशाह को सलाम करते हुए कहा—

'हुज़ूर ये आपका गुलाम ही शाह सदारंग के नाम से जाना जाता है।'

बादशाह बोले—

'अरे भाई तुमने तो यह ध्रुपद की जगह कमाल की गायकी बना दी, वाह! सुभान अल्लाह! क्या बात है?'

'जी हाँ हुजूर—गाने के इस तौर तरीके की माँ तो ध्रुपद ही है। लेकिन इसकी छोटी छोटी बंदिशों में राग के तमाम बेल बूटे बनाने की छूट है। आपके दिल में जो होग़ा ये राग रागिनी वही तस्वीर आपके दिलो दिमाग़ में साबुत खड़ी कर देंगी। गाने वाले और समझने वालों के ख्यालों में जो बसी है वही मूरत इस राग में झाँकेगी। इसीलिए यह ख़्याल की गायकी है। चूँकि दिल्ली दरबार ने इसे सुनकर इस पर शाही मंजूरी दी है, इसलिए इन चीज़ों पर हुजूर आला के नाम की मुहरबन्दी हमेशा लगी रहेगी।'

मुहम्मद शाह रंगीले ने खुश होकर नियामत खाँ को मोतियों का हार पहनाया। उन्हें वज़ीफा बाँध दिया और शाही हरम की बेगमों को यह नयी गायन शैली सिखाने के लिए उनको उस्ताद बना दिया।

अगली बार जब दरबार में संगीत की महफ़िल हुई तो सदारंग के सिखाए हुए शागिर्द मंच पर बैठे हुए गाना गा रहे थे। उनके पीछे सारंगी वाले बैठे थे और ध्रुपद गाने वाले नीचे फर्श पर बैठकर गाना सुन रहे थे। नियामत खाँ की महत्वाकांक्षा पूरी हो गयी।

❑❑❑

बीन भी हूँ मैं तुम्हारी रागिनी भी

चुन्ना बाई की आँखों में नींद न आई। वह इस करवट से उस करवट बेचैन होती जागती रही। कभी निकलकर छज्जे पर आ जाती और फिर अपने महल की छत पर जाकर ग्वालियर शहर का—रात का दृश्य देखती हुई टहलती रही। कल ही ग्वालियर दरबार में देश के प्रसिद्ध बीनकार उस्ताद बन्दे अली खाँ का वीणा वादन होगा। चुन्ना को उस महफ़िल की सोचकर अभी से डर लग रहा था।

चुन्ना ग्वालियर दरबार की अतिशय प्रसिद्ध नौजवान राजगायिका थी। उसके गायन पर सारा ग्वालियर लट्टू था। रागदारी में उसका चमत्कार देखने और सुनने के लिए उत्तर दक्षिण के विख्यात संगीतज्ञ ग्वालियर आते और विमुग्ध होकर चले जाते। चुन्ना उस्ताद बन्दे अली खाँ के बारे में बहुत दिनों से सुन चुकी थी। आज जब उनकी अगवानी हुई तो वह सरेशाम छुपकर उस महल में गयी जहाँ बन्दे अली को दरबार की तरफ से शाही मेहमान की तरह ठहराया गया था। वह घंटों खड़ी खड़ी उनका रियाज़ सुनती रही—एकदम बेसुध बनी। संगीत ने उसे

दूसरे लोंक में पहुँचा दिया था जहाँ वह अपना होश भुला बैठी थी। बन्दे अली की बीन बजते बजते खतम हो गयी, लेकिन चुन्ना की तन्द्रा न टूटी। बन्दे अली अपने आसन से उठे और दूसरी तरफ जाने लगे, तो एक स्त्री छाया देखकर चौंक पड़े।

'कौन है?' बन्दे अली के पूछते ही चुन्ना का होश हवास वापस आया और वह घबराकर पीछे भागी। बन्दे अली चुपचाप खड़े उस भागती हुई छाया को देखते रहे जिसके पाँव की पायल बहुत देर तक उनके कानों में बजती रही। इधर-उधर पूछताछ से उन्हें पता चला कि वह दरबार की प्रसिद्ध गायिका चुन्ना बाई थी। बन्दे अली उसकी कला की ख्याति के बारे में बहुत कुछ पहले ही सुन चुके थे।

× × × ×

ग्वालियर दरबार अपनी कला मर्मज्ञता और गुण ग्राहकता की छाप पूरे देश के संगीत जगत पर लगा चुका था। दूर दूर से संगीत के कलाकार उस दरबार में आते और अपनी कला के प्रदर्शन से मान-सम्मान पाते—पुरस्कृत होकर लौट जाते। उत्कृष्ट संगीतज्ञों को ग्वालियर दरबार स्वयं निमंत्रित करता था। देश के प्रसिद्ध संगीतज्ञों में बीन वादक के रूप में बन्दे अली खाँ की जैसी ख्याति थी, उसी के अनुसार उन्हें भी ग्वालियर दरबार में बीनवादन के निमित्त आमंत्रित किया गया था।

संध्या समय नगर के संभ्रान्त सामंत, श्रेष्ठ वर्ग, कला पारखी और मंत्री गणों के साथ ग्वालियर महाराज जया जी राव सिंहासन पर विराजमान थे। तभी मंत्री की आज्ञा से चारणों ने उस्ताद बन्दे अली खाँ को सादर लाने की घोषणा की। अपने हाथ में बीन लिए हुए उस्ताद बन्दे अली खाँ दरबार में आए। साथ के संगतकार पहले से ही वहाँ बैठे हुए थे। बीन रख दी, महाराज को झुककर आदाब किया और बन्दे अली अपने आसन पर बैठ गए।

सबकी आँखें उस्ताद बन्दे अली खाँ पर ही लगी हुई थीं। चुन्ना बाई भी एक किनारे बैठी हुई महफ़िल में लगी हुई कन्दीलों की रोशनी में पहली बार जी भरकर उन्हें सामने से देखने लगी। चुन्ना की उम्र से लगभग तीस बरस अधिक बन्दे अली उसे एकदम नवयुवक नायक की

तरह आकर्षक लगे। उसको लगा कि जैसे सातों सुरों की समस्त तेजस्विता बन्दे अली के चेहरे पर दीप्तमान है। वह एकटक निहार रही थी।

तभी महाराज जया जी राव स्वयं बोले—

'प्रजाजनो, मंत्रीवरो और ग्वालियर के संभ्रान्त नगर निवासियो! आज ग्वालियर का परम सौभाग्य है कि इस नगर की धरती पर देश के महान बीनकार उस्ताद बन्दे अली खाँ साहब अपना बीनवादन करने के लिए हमारे यहाँ स्वयं पधारे हैं। उनके यश और कीर्ति से हम सभी लोग परिचित हैं। जो कुछ अब तक सुना है वह साक्षात् अपनी आँख और कान से देख सुनकर उसका प्रमाण जान लेंगे। परन्तु याद रखिए वे हमारे मेहमान हैं। उनका हमें पहले यथोचित स्वागत करना चाहिए। इसलिए मैं अपने दरबार की श्रेष्ठ गायिका चुन्ना बाई से कहूँगा कि वे उस्ताद की अगवानी में अपना गायन सबसे पहले प्रस्तुत करें।'

महाराज की आज्ञा पाकर घबराई हुई चुन्नाबाई उठी और सभाकक्ष के बीचोबीच आकर गाने के लिए यथास्थान बैठ गयी। वह भीतर ही भीतर काँप रही थी। तानपूरे मिलाए गए, साज़ दुरुस्त हुए और चुन्नाबाई ने धीरे धीरे राग 'ईमन' को सभामंडप में अपने कण्ठ से खोलना प्रारम्भ कर दिया। 'षड़ज' लगाते ही उसके मन में जो भय और संकोच था वह उसके आत्मविश्वास में बदल गया। आँख खोलकर उसने एक बार उस्ताद बन्दे अली खाँ को देखा—मन ही मन प्रणाम किया और अपने आलाप में डूब गयी। उसकी स्वर माधुरी ने दरबार को मंत्रमुग्ध कर दिया। स्वयं बन्दे अली खाँ भी स्वरों के प्रवाह में बहने लगे। घंटे भर गायन की प्रस्तुति करके जब चुन्ना बाई ने तानपूरा रखा तो उसने पहले महाराज को प्रणाम किया, फिर उस्ताद बन्दे अली खाँ के चरणों में सिर झुकाया। पूरे दरबार में 'वाह वाह' मच गयी। महाराज जया जी राव ने अपने गले से मोतियों का हार उतारा और चुन्ना के हाथों में रखते हुए बोले—

'शाबाश! तुमने हमारे दरबार की इज़्ज़त रख ली। अब मैं अपने मेहमान उस्ताद बन्दे अली खाँ साहब से कहूँगा कि इस नाचीज़ गायिका

चुन्ना से जो भी ग़लती हुई हो उसे माफ़ करते हुए अपना बीन वादन हम सबको सुनाकर कृतार्थ करें।'

बन्दे अली खाँ सभा कक्ष के बीच जा बैठे। बीन संभाली और उन्होंने पहला ही सुर लगाया था कि लोगों को महसूस होने लगा कि जैसे कोई उनके प्राण खींचे लिए जा रहा हो। उनके आलाप में किसी दिव्यलोक की झाँकियाँ बार-बार अवतरित हो रही थीं। लगता था जैसे बीन की झंकार में सैकड़ों अप्सराएँ नृत्य कर रही हैं। वे 'मालकौंस' बजा रहे थे। स्वरों का ऐसा गहनतम प्रभाव ग्वालियर ने अब तक नहीं जाना था। बहुत देर तक सारा दरबार इस रागरंग की अभूतपूर्व दुनिया में विचरण करता रहा। बीन सुनते सुनते चुन्ना बाई जैसे जड़ हो गयी थी। उसकी आँखों से अविरल अश्रुधार बह रही थी। बन्दे अली खाँ ने बीन वादन बन्द किया और चुपचाप महाराज को कोर्निश करके खड़े हो गये। महाराज जया जी राव ने सिंहासन से उतरकर उन्हें गले लगा लिया और प्रसन्नता के आवेग में काँपते हुए बोले—

'वाह बन्दे अली खाँ वाह! जैसा सुना था उससे कई गुना ऊँचा कलाकार आपके भीतर निवास करता है। मैं बहुत प्रसन्न हूँ। आप जो भी माँगिए मैं आपको मुँह माँगा दूँगा। अपना आधा राजपाट भी आपको देने में मुझे कोई हिचक नहीं।'

बन्दे अली खाँ ने कहा—

'महाराज! मैं गाने बजाने वाला एक मामूली कलाकार आपका राजपाट लेकर क्या करूँगा? पर जो मैं माँगूँगा क्या वह मिलेगा?'

महाराज ने कहा—' मैं बचन दे चुका हूँ खाँ साहब! जो माँगिएगा अवश्य दिया जाएगा।'

बन्दे अली ने साहस के साथ कहा—

'तो महाराज! अगर आप मुझ पर खुश हैं तो मुझे इस गायिका चुन्ना बाई को दे दीजिए।'

बन्दे अली की माँग सुनकर सारा दरबार चकित हो गया। तब राजमंत्री ने बढ़कर कहा—

'उस्ताद ख़ाँ साहब! कुछ अपनी और चुन्ना की उम्र का तो लिहाज़ कीजिए।'

बन्दे अली ने कोई जवाब न दिया।

तब उस सनसनी को तोड़ते हुए महाराज ने कहा—'नहीं मंत्री जी, हम ज़बान हार चुके हैं। बचन दिया जा चुका है। कल ही सुबह बाक़ायदा चुन्ना बाई का निकाह उस्ताद बन्दे अली खाँ से मुस्लिम संस्कारों के अनुरूप कर दिया जाय। और चुन्ना बाई इन्हें ग्वालियर राज की तरफ से सौंप दी जाय!!'

दूसरे दिन बन्दे अली खाँ का विवाह चुन्ना बाई से हो गया। उम्र के इतने अन्तर पर बूढ़े दूल्हा और नवयुवती दुल्हन की सुहागरात का आनन्द देखने के लिए शहर के कुछ मनचले युवक शाही मेहमानखाने के झरोखों में आँख लगाए खड़े थे। उन्होंने देखा—रात का खाना पीना खतम हुआ तो चुन्ना बाई बिस्तर पर अपना तानपूरा लेकर बैठी और बन्दे अली खाँ अपनी बीन! चुन्ना गाने लगी और बन्दे अली उसके साथ बीन पर संगत करते रहे। वह एक अलौकिक सुहागरात थी, सुबह की किरणें झरोखों के भीतर फूटने लगीं। उनके आगमन ने इस रागरंग को भंग किया। बन्दे अली की जिन्दगी के काफ़ी दिन इसी रागरस में डूबते उतराते बीत गये।

वे ग्वालियर छोड़कर पूना चले गये। वहाँ भी वे दोनों अपने ही रसरंग में डूबे रहे। घर में जो था वह सब खत्म हो चला। उनके शिष्य इस फ़ाकामस्ती से घबरा गए। अकसर जब वे दोनों गा बजा रहे होते तो उनका मोहभंग करने के लिए वे रसोई के खाली बर्तनों को उन दोनों के बीच में रख देते। चुन्ना कभी उनसे पूछती तो वे कहते—

'अम्मी! हम यह देखना चाहते थे कि आप लोगों के सिर्फ गाने बजाने से इन बर्तनों में कुछ खाना अपने आप पक जाता है या नहीं?'

चुन्ना इस सबका मतलब समझती थी, लेकिन वह बन्दे अली खाँ की मोहब्बत में कुछ भी कह नहीं पाती थी। बन्दे अली खाँ उसे छोड़कर कहीं जाते ही नहीं थे। महफ़िलों से जितने निमंत्रण मिलते थे

वे भी धीरे-धीरे बन्द हो गये।

अक्सर सिर्फ पानी पीकर या एक बासी रोटी के सहारे बन्दे अली खाँ तो दिन काट लेते, लेकिन खुद चुन्ना और उनके शिष्य भूखे ही रह जाते। तब उन शागिर्दों ने दौड़ धूप करके उत्तर भारत से कई महफ़िलों के निमन्त्रण अपने उस्ताद बन्दे अली खाँ के लिए मँगवाए। मगर बन्दे अली थे कि चुन्ना को एक दिन के लिए भी छोड़कर जाने को तैयार नहीं थे। तब शागिर्दों ने चुन्ना बाई को ही समझाया बुझाया कि वह बन्दे अली की कला को जिन्दा रखने के लिए और महफ़िलों से कुछ पैसा कमाने के लिए बाहर जाने को मजबूर करे। चुन्ना के बहुत कहने पर बन्दे अली खाँ बाहर जाने को राज़ी हो गये।

बंगाल से लेकर दिल्ली तक अपने बीन की ऐसी सुरीली रागिनी बन्दे खाँ ने जगायी कि भूली हुई महफ़िलों में उनकी छवि एक बार फिर जगमगाने लगी। उनके साज पर उनकी उम्र का कोई भी असर दिखाई नहीं पड़ता था। वे तरोताज़ा नौजवान की तरह अपने साज़ के साथ खेलते-बजाते उन्हें लगता कि वह बीन नहीं बल्कि चुन्ना ही है जो उनकी गोद में गा रही है। बन्दे अली खाँ पर रुपये बरसने लगे। शागिर्दों ने दोनों हाथों से बटोरना शुरू कर दिया!

शोहरत की इन बुलन्दियों के बीच अपने और चुन्ना के भावी सुखमय जीवन के लिए जब बन्दे अली धन बटोर रहे थे—पूना से एक ख़त आया जिसमें चुन्ना की एक गहरी बीमारी का ज़िक्र था और बन्दे अली को फौरन वापस लौटने को कहा गया था। शागिर्दों ने खत लिया, पढ़ा और उसे बन्दे अली खाँ तक इस डर से नहीं पहुँचाया कि कहीं उस्ताद महफ़िली दौरे को बीच में ही छोड़कर वापस न लौट जाएँ। उनके मन में उस फ़ाकामस्ती का ऐसा डर समाया हुआ था कि वे ज्यादा से ज्यादा दौलत अपने उस्ताद के लिए संजो लेना चाहते थे।

और बन्दे अली खाँ सचमुच काफ़ी दौलत इकट्ठा करके ही वापस लौटे। सीधे अपने घर पहुँचे। ताला बन्द था पड़ोस में किसी से पता किया—'चुन्ना बाई कहाँ गयी है?'

पड़ोसी ने उन्हें पहचानते हुए जवाब दिया—

'अरे खाँ साहब! आपने तो बड़ी देर कर दी। चुन्ना बाई तो सख्त बीमार हुई थी। आपको खबर भी भेजी गयी— आप लोग आए ही नहीं। आपकी याद करते-करते उसने खाँस-खाँस कर बिस्तरे में दम तोड़ दिया। चुन्ना बाई गाने की दुनिया सूनी कर गयी।'

बन्दे अली खाँ वहीं धम्म् से ज़मीन पर बैठ गए। उनकी आँखें जैसे पत्थर हो गयीं। शागिर्दों ने पूछा—

'चुन्ना बाई को कहाँ दफनाया गया है?'

पड़ोसियों ने पास के बगीचे में एक कच्ची क़ब्र दिखला दी।

दूसरी रात पूर्णिमा की थी। बन्दे अली खाँ ने अपनी बीन उठाई और चुपचाप उसी आम की बगिया में जा पहुँचे। उस मिट्टी की कच्ची समाधि पर कुछ घास और झाड़ झंखाड़ उग आए थे। उन्होंने उसे साफ़ किया। फिर उस जगह को अपनी पगड़ी की छोर से बुहारकर अगरबत्तियाँ सुलगायीं। और बीन उठाकर बैठ गये। आज वे फिर मालकौंस बजा रहे थे। उस नीरवता में बीन के सुरों पर लगा जैसे चुन्ना बाई स्वयं साक्षात् बैठी उनके साथ सुर में सुर मिलाकर गा रही है। उस्ताद बन्दे अली खाँ कब तक वहाँ बीन बजाते रहे—किसी को पता नहीं!

दूसरे दिन न तो बन्दे अली खाँ वहाँ दिखे और न फिर दुनिया ने उनकी बीन कभी सुनी!!

❑❑❑

नेह सदेह अदेह करै

'अब वो बात नहीं रही इस गाने बजाने में। जिस दरबार में मेरे बुजुर्गों के हुजूर में शाहंशाहे-मौसीकी उस्ताद मियाँ तानसेन का गाना बजाना हो चुका हो, वहाँ अब ऐसे टुकड़हे गाने बजाने वालों का बोल बाला है। अब मुझे इन्हीं का गाना सुनना है और तारीफ़ करना है—या अल्लाह!'

दोयम दर्जे के घटिया कलावंतों का गाना बजाना सुनकर संगीत पारखी मुगल बादशाह मुहम्मदशाह खिन्न होकर अपने दरबारियों से कह रहा था। मुगल साम्राज्य के वैभव के अंतिम दिन थे। सारी सल्तनत लुट चुकी थी। स्वयं सम्राट में इतनी शक्ति नहीं थी कि वह अपना राज्य बिखरने से बचा सके। लेकिन उसके दरबार में संगीत के फ़नक़ारों, कलावंतों और गुनीजनों के लिए अब भी स्थान था। उसी के सहारे दूर दूर के कलाकार दिल्ली दरबार से कुछ इनाम इकराम पाने के लिए दौड़ लगाया करते। लेकिन ज़्यादातर वे सब अत्यन्त सामान्य किस्म के क़लाकार ही निकलते जिन्हें सुनकर बादशाह को खीझ आया करती।

उस दिन भी ऐसा ही घटिया गाना बजाना हुआ। बादशाह ने ऊब कर कुछ इनाम इकराम दिया और गवइयों को विदा किया।

चालाक दरबारी इस मौके की जैसे तलाश ही कर रहे थे—

'जहाँपनाह! चिराग़ तले ही अंधेरा है। मौसीक़ी के फ़न का इतना बड़ा गुनी तो आपके ही हुज़ूर दरबार का मुलाज़िम है। कभी आपने उसको सुनने की तक़लीफ़ ही नहीं गवारा की—नहीं तो आपको घटिया गाना सुनने की ज़हमत ही नहीं होती!'

बादशाह ने उलझन से पूछा—

'कौन है वह?'

'यही सरकार! आपके मीर मुंशी घनानन्द साहब! आपके जो खास कलम हैं!'

मुहम्मद शाह हँसा—

'ऐसा कैसे हो सकता है? वह तो सिर्फ मेरी ख़तो किताबत करता है। मेरे फ़रमान लिखता है। मेरे कहे हुए अल्फ़ाजों को हुक्म की तरह कलम बंद करता है। उसे भला गाने बजाने की, रियाज़ करने की फुर्सत ही कहाँ मिलती होगी? बड़ा नेक कायस्थ है। ....इस वक्त है कहाँ?'

दरबारी बहुत दिनों से मीर मुंशी से खुन्नस खाए थे। बोले—

'हुजूर.....इस वक्त तो वो कहीं रासधारियों के साथ रासलीला करवा रहे होंगे। उनकी तबियत तो वहीं लगती है। दरबार से छूटे तो बस रासलीला में। वहाँ खुद भी गाते हैं उनके साथ। शायर भी तो हैं ना!'

'उन्हें तलब किया जाय!' बादशाह ने कहा।

मुंशी घनानन्द सचमुच रासमंडली में ही व्यस्त थे। उनकी दिनचर्या में रासलीला में शामिल होना नित्यप्रति का अभ्यास था। ख़बर मिली तो फ़ौरन दरबार में हाज़िर हुए।

'मीर मुंशी घनानन्द! सुना तुम रासमण्डली में बड़ा खूबसूरत गाना गाते हो। यह भी सुना कि तुम गाने बजाने के फ़न में बहुत माहिर हो। आखिर ये अपना हुनर हमसे क्यों छिपा कर रखा? माबदौलत अब तुम्हारे इस हुनर की कुछ बानगी देखना चाहते हैं।' बादशाह ने जैसे घनानन्द को शाबाशी देते हुए कहा।

घनानन्द यह सुनते ही सकते में आ गये। तख़्त के सामने कोर्निश करते हुए बोले—

'हुजूर! आलीजाह! गुस्ताख़ी माफ़ हो सरकार! बंदे का गुनगुनाना मौसीक़ी के फन का माहिर होना नहीं कहा जा सकता। मुझे तो गाने बजाने की इब्तदायी-इल्म भी नहीं मिली। रासमण्डली में तो मैं भगवान के सामने प्रार्थना के लिए कुछ गा बजा लेता हूँ। वहाँ संगीत की कलाकारी की ज़रूरत् नहीं—आपको मेरे बारे में ग़लत इत्तिला मिली है। मैं, अपनी नामालूमियत के लिए माफी चाहता हूँ।'

दरबारियों में से जो सबसे बड़ा चुग़लख़ोर था, बोल पड़ा—

'और मुंशी जी जो आप रासलीला में बराबर गाते-बजाते हैं तो वह कुछ भी नहीं है!'

'वह कोई गाना बजाना नहीं है। वहाँ तो कोई भी गा सकता है! आप भी!' घनानन्द ने उत्तर दिया।

चुग़लखोरों ने बादशाह के पास धीरे से कहा—

'जहाँपनाह! ये मीर मुंशी आपके दरबार की रक़्क़ासा सुजान के कोठे पर रोज़ रात को गाते हैं। इनका गाना सुनने के लिए भारी मजमा सड़क पर इकट्ठा हो जाता है। सुजान और मीर मुंशी घनानन्द के इश्क की दास्तान सारी दिल्ली जानती है। इन्होंने शाही हुक्म पर तो नहीं गाया लेकिन अभी वही नाचने वाली सुजान आकर इनसे कहे तो ये गाने लगेंगे। आप आज़मा कर देख लीजिए।'

मुहम्मदशाह इस बात का इम्तहान लेने के लिए जैसे ज़िद कर बैठा। सुजान नर्तकी को बुलवाया गया और उससे कहा गया कि वह मीर मुंशी घनानन्द से गाना गाने के लिए कहे। सुजान शाही हुक्म पर

वैसा ही करने को मजबूर थी।

घनानन्द आए। वे मुग्ध होकर सुजान की ओर टकटकी लगाकर उसकी छवि निहारने लगे। उन्हें लगा कि जैसे शारदीया चाँदनी में उड़ती हुई हंसों की पाँत एक स्थान पर पुंजीभूत हो गयी हो। वे दरबार के अल्काब-आदाब भूल गये। सुजान ने उनसे गाने के लिए कहा। घनानंद ने तानपूरा उठाया और अपनी प्रिया का लावण्य देखते हुए अपना गायन प्रारंभ कर दिया। उनके नेत्र निर्निमेष सुजान को ही देख रहे थे। निश्चय ही उस समय उनकी पीठ तख़्त पर बैठे मुहम्मद शाह की तरफ़ थी।

वे अपलक गा रहे थे—

नैननि देखिबे की बानि।।

बरजि रही, बरज्यौ नहिं मानै

छूटि गई कुल कानि!! नैननि० !!

आनंदघन ब्रजमोहन जानी

अंतर की पहिचानि!! नैननि० !!

साजिंदे घनानन्द के साथ संगत करते-करते बीच में ही इस प्रवाह में बहने लगते। घनानंद के नयनों से अश्रु प्रवाह हो रहा था। इस नैसर्गिक गायन से स्वयं मुहम्मदशाह भी नम हो गया था—सारा दरबार रसमय हो उठा। गाते-गाते घनानन्द की वाणी भावविह्वल होकर अवरुद्ध होने लगी। गाना रुक गया।

दरबार के सन्नाटे को भंग करते हुए बादशाह मुहम्मदशाह बोला—

'वाह वाह! सुभान अल्लाह! क्या बात है घनानंद!'

घनानन्द की तन्द्रा सहसा टूट गयी। वे सहसा चारों ओर के वातावरण से सचेत हो उठे। उन्हें अब लगा कि वे सुजान के घर पर नहीं—दरबार में गा रहे थे। उठे और बादशाह को कोर्निश करके सलाम किया। फिर हाथ जोड़कर खड़े हो गये। मुहम्मदशाह तब फिर बोला—

'मीर मुंशी घनानन्द! तुमने दो काम किए। एक तो इतना लाजवाब गाना सुनाया और पूरे दरबार में सही मौसीक़ी को सबके सामने पेश करके-हमें असली हुनर की पहचान कराई। दूसरा काम तुमने यह किया कि शाही हुक्म की बेइज़्ज़ती करके एक नाचने वाली औरत के कहने पर गाना गाया और इस तरह तुमने दिल्ली के तख़्तोताज की भरे दरबार बेइज़्ज़ती की! इस जुर्म के लिए सज़ाए मौत होती है। लेकिन तुमने गाना बहुत उम्दा किस्म का सुनाया है और हम चूँकि तुम्हारे इस फ़न के कद्रदाँ हैं इसलिए हम तुम्हारी जान तुम्हें बख़्शते हैं। लेकिन अब तुम इस दरबार के काबिल नहीं रह गये। तुम्हें हम दिल्ली शहर से फ़ौरन 'शहरबदर' होने का हुक्म देते हैं। जितनी भी दौलत तुम अपने साथ ले जा सको वह लेकर रातोरात इस शहर से बाहर चले जाओ और दुबारा इधर का मुँह न करना! तुम्हारी जिंदगी गाने के लिए छोड़ दी। तुम्हारी यही सज़ा है और यही ईनाम!'

दरबार बर्खास्त हुआ। घनानन्द बुझे हुए मन से घर वापस लौटे। साथ लेने लायक जो सामान था, उसे बाँधा। घर में अकेले थे और अकेले के लिए आख़िर चाहिए भी क्या? सोचा कि बाकी जिंदगी इस थोड़ी सी दौलत के ज़रिए सुजान के साथ साथ कट जाएगी। आखिर सुजान के अलावा इस दुनिया में उनके सुख दुख का साझीदार और कौन था ही? उसी सुजान के लिए ही तो उन्होंने इतनी ज़िल्लत उठाई थी। सुजान का साथ होना— बादशाह के दरबार में सलामी करने से कहीं बेहतर था। सुजान के पास बिताए हुए समय में वे जैसे रासलीला को ही दुबारा जीने लगते थे—राधा को कहाँ देखा था?—पर सुजान में तो उन्हें सब कुछ प्रत्यक्ष दीखता। वहाँ बैठकर वे गाते तो उन्हें लगता कि वे रासलीला मण्डली में ही गा रहे हैं!

सुजान के घर पहुँचे। ज़ीने से ऊपर चढ़े। चुपचाप जाकर सुजान के सामने खड़े हो गए। हाथ में वही मुहरों वाली पोटली थी। सुजान को भी शाही हुक्म की सूचना थी। सारी दिल्ली में घनानन्द के देशनिकाला की बात बिजली की तरह फैल गई थी। सुजान ने मौन तोड़ा—

'जा रहे हो घनानन्द........?'

घनानन्द की आँखें डबडबाई हुई थीं। किसी कदर उन्हें थामते हुए पूछा—

'तुम मेरे साथ नहीं चलोगी?'

सुजान ने अस्वीकृत में धीरे से सिर हिला दिया—

'नहीं! मैं दिल्ली छोड़कर कहाँ जाऊँगी? पेशे के बिना दरबार से हटकर गुज़ारा कैसे करूँगी?'

घनानन्द ने अपनी पगड़ी के छोर से आँख के कोनों को पोंछ लिया। पोटली वहीं छोड़ी और बिना एक शब्द बोले वे सीढ़ी से नीचे उतरे और अंधेरे में विलीन हो गए।

× × × ×

वृंदावन आकर भी घनानन्द को चैन नहीं पड़ा। रातों-दिन मन्दिरों में भटकते। उनकी भावसाधना सांद्र हो चुकी थी। अब जिस मंदिर में वे श्री कृष्ण का विग्रह देखते उसमें उनको सुजान के ही दर्शन होते। वे आँख बन्द करके बिहारी जी के मन्दिर में जा बैठते तो ध्यान में ही वे सेवा-निकुंज पहुँच जाते—उन्हें अपने चारों ओर पल-पल घटती साक्षात् नयी रासलीला का अनुभव होता। उनकी सुजान ही पीताम्बर धारण कर लेती और बाँसुरी की हर टेर पर केवल घनानंद को ही जैसे पुकारती। वे अपने ही कंठ से पुकार सुनकर अपना ही आवाहन करने लगे। नित्य नवीन पदों की सृष्टि होती—वे गाते रहते :—

ऐ रे निरमोहिया! जानी तोरी प्रीत।
जब लागी, तब किनहूं न जानी
अब कुछ और रीत॥ ऐ रे०॥
चर्चत हैं सब लोग बटाऊ
और कुटुंब कुल रीत
निशिदिन ध्यावत वा मूरत कौ
आनंदघन से मीत॥ ऐ रे ०॥

समय बीतता रहा। वृंदावन में ऋतुएँ बदलतीं तो घनानंद को उन बदली हुई ऋतुओं में केवल अपने प्रियतम की अनेक छवियाँ देखतीं। कितने रूप बनाता है वह साँवला। हर ऋतु उनका संदेसा लेकर 'बिसासी-सुजान के आँगन को जाती—घनानंद गाते ही रहे—बादल आते जाते रहे—

'परकारज देह को धारे फिरौ
परजन्य जथारथ ह्वै दरसौ
निधि नीर सुधा के समान करौ
सब ही विधि सज्जनता सरसौ
घनआनंद जीवनदायक हौ
कछु मेरियौ पीर हिये परसौ
कबहूँ वा बिसासी सुजान के आँगन
मों अँसुवान को लै बरसौ।'

सम्पूर्ण ब्रजक्षेत्र में घनानन्द अपनी उत्कृष्ट काव्य रचना, संगीत विधा की प्रवीणता और सुरीले कण्ठ के कारण प्रसिद्धि पा चुके थे—और वृन्दावन में तो उन्हें बच्चा-बच्चा जानता था! लेकिन घनानंद नहीं—उन्हें सब 'पगला बाबा' के नाम से ही पुकारते। वे वृन्दावन की गली गली में अपने प्रियतम को ढूँढ़ते, विक्षिप्त की तरह ब्रजरज को बटोरकर उठाते उसे माथे लगाते और फिर वंशीवट पर मौन पड़े रहते। कोई न कोई पगला बाबा को भोग का प्रसाद दे ही जाता।

उस दिन सारे वृन्दावन में हल्ला था कि राजधानी दिल्ली पर अफ़गानी लुटेरों का हमला हुआ है। लूट मची है और अब मथुरा पर भी वे लोग चढ़े आ रहे हैं। घनानंद को अपनी ही सुध-बुध नहीं थी! वे दिल्ली और मथुरा की क्या ख़बर लेते? अब भी उनका उसी तरह भटकना और अन्ततः वंशीवट पर पड़े रहना चल रहा था। तभी उन्होंने देखा कि दो घुड़सवार लुटेरे सिपाही नेज़े से उन्हें कोंचकर पूछ रहे थे:

'बोल! ज़र कहाँ है? कहाँ है ज़र?'

घनानन्द तो वंशीवट पर यमुना के किनारे किसी और लोक में उस समय विचरण कर रहे थे। वे अपने आनन्द लोक की रासलीला में डूबे हुए थे। वंशी की ध्वनि पर सब नृत्य कर रहे थे। तब तक स्थूल देह ने उन्हें सूक्ष्म भाव जगत से वापस खींचा—वे सिपाही अब भी उसी नेज़े से 'पगला-बाबा' को बार-बार कोंच कर पूछ रहे थे—

'बोल! ज़र कहाँ है?'

बार-बार कोंचे जाने पर घनानंद ने आँखें खोलीं। वे फ़ारसी खूब समझते थे। उन्होंने उन लुटेरों की ज़बान समझ ली। बोले—'ज़र'? ज़र चाहता है न?'

राधाकृष्ण की अभिनव रासलीला से अभिमंत्रित उस बालुकाराशि को अपनी मुट्ठियों में भर कर कहने लगे—

'यही है सबसे कीमती ज़र! दुनिया की सबसे बड़ी दौलत! सबसे बड़ी न्यामत! सारी ख़ुदाई की दौलत इसी में तुम्हें एकबारगी मिल जायेगी। एक बार इसे अपने हाथों से पकड़ ले—फिर तेरी शमशीर हाथ से छूट जाएगी।'

पगला बाबा ने यमुना पुलिन की वह राशि सिपाहियों की ओर उछाल दी। लुटेरों को लगा कि उनके मुँह पर धूल फेंक रहा है। क्रोध में आकर उनके दोनों हाथ काटकर उन्होंने फेंक दिए। घनानन्द के कंधों से खून के फव्वारे छूट रहे थे। उनके कटे हुए दोनों हाथ फड़फड़ाकर यमुना पुलिन की वह दौलत बटोर रहे थे। उनकी आँखें मुँदने लगी थीं। सब कुछ धुंधा हो रहा था। उन्हें लगा कि उनके कटे हुए हाथ कोई पीताम्बर में लपेट रहा है और सितारों जड़ी चूनर वाली एक कलाई माथे पर आँचल से हवा कर रही है। वे अस्फुट स्वरों में मन्द-मंद गा रहे थे—

'मैं कैसे करौं-
कैसे मरौं
प्यारे ब्रजचन्द बिना ....?

❑❑❑

सिड़ी नवाब

सौ साल से भी ऊपर की बात है। उन्नीसवीं सदी का अवध की नवाबी वाला शहर—लखनऊ। गोलागंज मुहल्ले में एक नुक्कड़ की दुकान पर नानबाई कुछ कबाब, गोश्त के टुकड़े और रोटियाँ भठ्ठी पर बदस्तूर सेंक रहा था। सामने दो चार लकड़ी की बेन्चों पर खाने वाले जमा हैं। बगल की एक बेन्च पर एक अधेड़ उम्र का गायक गाना गा रहा है। अग़ल-बग़ल वाह-वाह करने वालों का एक मजमा इकट्ठा है।

भीड़ में से एक ने पूछा—'अमाँ ये कौन उस्ताद है?' 'नाम तो मैं नहीं जानता और यह भी नहीं जानता कि दरअसल ये उस्ताद हैं भी कि नहीं? लेकिन सब लोग यहाँ मुहल्ले में और पूरे लखनऊ में लोग इन्हें 'सिड़ी नवाब' के नाम से जानते हैं।'

पहले ने पूछा—'सिड़ी नवाब? पागल है क्या?'

तीसरे ने कहा—'पागल तो है ही, नहीं तो इतना गुणवंत होकर यहाँ बैठा बैठा नानबाई की दुकान पर गाना गाता?'

पहला फिर बोला—'अजीब बात है। ऐसा ज़ोरदार और बेधड़क गवैया किसी दरबार में पहुँच जाय तो इसे शाही गवैया बनते देर न लगेगी। वाह! क्या सुरीली आवाज है! और देखो कैसे-कैसे मुश्किल काम गले से सरपट निकालकर सजा देता है।'

चौथे ने जोर से दाद देते हुए कहा—'वाह उस्ताद! क्या मोतियों की लड़ी गूँथ दी है तान में?'

पाँचवाँ कुछ बुजुर्ग सा था बोल पड़ा—'बरखुरदार! ऐसी बन्दिश कभी सुनी न होगी। वाह! क्या अन्दाज है बोल बनाव का।'

वह अधेड़ उम्र का गायक जिसे वहाँ का इकट्ठा हुजूम प्यार से 'सिड़ी नवाब' कहता था, अब भी अपना गाना उसी तरह पूरे उत्साह के साथ सुनाकर जैसे मज़ा ले रहा था। लोगों की बेअख़्तियार दाद और वाहवाही से एक समाँ बन गया था। लोग झूम ही रहे थे कि उसने अपना गाना ख़त्म कर दिया।

नानबाई भी जो अब तक टिक्कियाँ सेंकते हुए तवे पर पलटे से ताल दे रहा था और गाने की तरंगों पर झूम रहा था— गाना खतम होते ही बोला—

'वल्लाह! क्या बात है नवाब साहब! गाना गा चुके हो तो अब आपके लिए रोटी और कबाब ले आऊँ?'

सिड़ी नवाब कुछ कहते—इसके पहले ही भीड़ में से कुछ आवाजें उठीं—'एक गज़ल हो जाय नवाब साहब!'

'सिड़ी नवाब ने मुस्कराकर अपने श्रोताओं को देखा और फिर नानबाई से बोले—'अब रुक जाओ मियाँ। इनकी भी फ़रमाइश पूरी कर लेने दो। हाँ जनाब सुनिए। आइये आपके तबियत की चीज़ सुनाता हूँ।'

सिड़ी नवाब ने गज़ल का पहला मिसरा ही जैसे कहा कि नानबाई की दुकान पर इकट्ठा लोग 'वल्लाह'—क्या कहने—क्या बात है, माशा अल्लाह—'जियो जियो' के स्वरों में उछलने लगे। सिड़ी नवाब एक शेर कहते और लोग सुनकर पागलों की तरह झूमने लगते। गाना ख़त्म हुआ। गाने के उस आलम से अभिभूत भीड़ सिड़ी नवाब को छू छूकर

मुबारकवाद देने लगी। तब तक नानबाई ने एक तश्तरी में दो रोटी और कबाब के टुकड़े रखते हुए कहा—

'लीजिए नवाब साहब—नोश फरमाइये। आपकी मलाई भी मँगवाई है— आ रही है।'

सामने तश्तरी देखकर सिड़ी नवाब ने पूछा—

'बड़े मियाँ! यह सामान घर पहुँचवा दिया?

नानबाई ने स्वीकृति में सिर हिलाया और तब सिड़ी नवाब ने रोटी का टुकड़ा तोड़ा।

× × × ×

अवध की नवाबी का दरबार लखनऊ की 'छतर मंजिल' में अपने यौवन पर था। परम्परा के अनुसार इस दरबार में भी मनसबदारी सिपहसालारों के साथ विद्वानों और गुणी जनों की सभा लगती थी। उस दिन भी दिल्ली की तरफ से आए एक गायक का लखनऊ के दरबार में गायन हो रहा था। गवैया अपनी कला में निष्णात होते हुए भी न तो अपने गले से उसे अदा कर पा रहा था और न स्वर सही जगह लगते थे। नवाब स्वयं संगीत कला का अच्छा पारखी था। इस तरह का संगीत सुनकर वह तारीफ़ करने से कतरा रहा था। गायक के जाने के बाद नवाब ने अपने वज़ीर से कहा—'मीर साहब! किसी क़ायदे के आदमी को बुलवाकर गाना सुनवाइये।'

वज़ीर ने कहा—'हुज़ूर आलीजाह! इसी लखनऊ की मिट्टी में अनमोल गौहरो-रतन पड़े हैं। बेइन्तिहा सुरीले हैं। और सोज़ख़्वानी तो ऐसी कि लोग सुनकर रोने लगते हैं। उनकी बदकिस्मती है कि आपकी निगाहे करम उन पर गयी ही नहीं।'

नवाब ने हुक्म दिया—'तो बुलवाइये न!'

वज़ीर ने कहा—'हुज़ूर उनका पता ठिकाना मुश्किल है। लोग उन्हें हैदरी खाँ के नाम से जानते हैं, लेकिन प्यार से सब उन्हें 'सिड़ी नवाब' कहते हैं। उनका गाना रोज़ शाम को गोलागंज में होता है। किसी दिन जब उधर हवाख़ोरी के लिए हम लोग निकलें तब उनका गाना हुज़ूर सुन लेंगे।'

नवाब साहब हँसे और बोले—'बहुत खूब-बहुत खूब, आज ही शाम को।'

उस दिन शाम गोलागंज में उसी नानबाई की दूकान पर फिर वैसी ही भीड़ जमा थी। सुरपेटी के सहारे हैदरी खाँ उर्फ़ सिड़ी नवाब की सोज़ख्वानी चल रही थी। लोग झूम रहे थे।

सिड़ी नवाब की हर तान पर वाह-वाह की झड़ी लग जाती। गाना क्या था जैसे आँसुओं की बरसात थी।

जैसा कि तय था—नवाब की फिटन घोड़ागाड़ी उसी रास्ते से निकली। हर ख़ासोआम यह जानता था कि नवाब अपनी प्रजा का दुख सुख जानने के लिए खुद लखनऊ की सड़कों पर अकसर निकलते रहते हैं। उनकी सवारी के निकलने को लेकर शहर में कोई हंगामा नहीं बरपा होता था। चैन सुकून के उसी माहौल में जब नवाब की सवारी निकली तो नानबाई की दुकान पर लगे मजमे को बिना किसी पसोपेश में डाले दूर गाड़ी खड़ी करके वे गाना सुनते रहे। नवाब साहब उस समय अपने राजसी लिबास में नहीं थे—गाना सुन सुन कर झूमते रहे। उनके मुँह से भी बार-बार—'वल्लाह क्या बात है'—निकलता ही रहा। गाना ख़तम हुआ। घोड़ा गाड़ी आगे बढ़ी। नवाब साहब ने 'सिड़ी नवाब' को अपनी ओर बुलाया और बोले—

'वाह क्या बात है! माशा अल्लाह, आप बहुत अच्छा गाते हैं।'

सिड़ी नवाब ने झुककर आदाब अर्ज़ किया। अवध के नवाब ने कहा—'कभी हमारे ग़रीबखाने पर भी आकर महफ़िल जमाइये। बड़ी इनायत होगी।'

सिड़ी नवाब ने छूटते ही कहा—'आ जाऊँगा क़िबला! इसमें क्या बात है।'

नवाब साहब की घोड़ा गाड़ी आगे बढ़ी तब तक सिड़ी नवाब उर्फ हैदरी खाँ दौड़कर फिर गाड़ी तक पहुँचे और बोले—

'अजी क़िबला। आपने न्योता तो दे दिया—लेकिन यह नहीं बताया कि आप रहते कहाँ हैं?'

नवाब साहब मुस्कराये। समझ गये कि सही कलाकार से पाला पड़ा है। चुटकी लेते हुए बोले—'एक जगह है यहाँ पर गोमती के किनारे—छतर मंजिल। वहीं रहता हूँ। जगह मिल जाएगी न आपको?'

हैदरी खाँ ने एकदम कहा—'हाँ हाँ क्यों नहीं अरे छतर मंजिल? वहाँ अपना लखनऊ का नवाब भी तो रहता है।'

नवाब साहब बोले—'हाँ हाँ वही जगह।' और नवाब की घोड़ा गाड़ी धीरे-धीरे आगे चली गयी।

× × × ×

अवध के नवाब का आज दरबारे-आम था। ख़ुद नवाब साहब आज लखनऊ के हैदरी साहब को सुनने के लिए बैठे हुए थे। पूरी बारादरी गुनीजनों से भरी हुई थी। हैदरी खाँ ने आलाप किया और पूरी महफ़िल को अपने सुरों में बाँध लिया। फिर उन्होंने राग 'ईमन' से राग 'दरबारी' तक ऐसा बेजोड़ गाना गाया कि सुनने वाले अपनी सुध-बुध भूल गये। ऐसा गाना गाया कि उनके श्रोता कभी रोते, कभी झूमते, कभी आनंद में डूब जाते!! सिड़ी नवाब ने गाने की महफिल लूट ली थी। पूरा दरबार वाह वाह के स्वर से गूँजने लगा। हैदरी खाँ सलाम करते हुए उठकर खड़े हो गये। नवाब ने कहा—

'कमाल का गाना गाते हो भाई। हम बहुत खुश हैं। हम तुम्हारी मुँह माँगी मुराद पूरी करेंगे।'

हैदरी खाँ खुश होकर बोले—'बस हुजूर की इनायत बनी रहे और मुझे कुछ न चाहिए।'

नवाब ने फिर कहा—'नहीं तुम माँगो! तुम्हें क्या चाहिए?'

हैदरी खाँ थोड़ा सकुचाए। खड़े रहे। फिर बोले—'माँग लूँ हुज़ूर?'

नवाब ने कहा—'हाँ हाँ भई।'

हैदरी खाँ तब बोले—'हुजूर दो चीजें दीजिए।'

नवाब ने कहा—'बेखौ़फ़ माँगिए।'

हैदरी खाँ फिर बोले—'पहली तो हुजूर यह कि गोलागंज के नुक्कड़ वाले नानबाई के यहाँ से दो रोटी, चार कबाब के टुकड़े और बग़ल के चुन्ना हलवाई के यहाँ से चार पैसे की मलाई मँगवा दीजिए। यही मेरी ग़िज़ा है।'

नवाब ने कहा—'आप मेरे साथ शाही दस्तरख़्वान पर आइये।' लेकिन हैदरी खाँ ने उसे बड़ी विनम्रता से इंकार करते हुए कहा—'और हुज़ूर इतना ही सामान नाका हिंडोले की गली में मेरे मकान पर बैठी हुई मेरी बेगम को भी भिजवा दीजिए। जब तक वह न खा लेगी, मैं भी नहीं खा पाऊँगा। नवाब साहब हैदरी के इस आचरण पर और खुश हुए। उन्होंने सिपाहियों को ऐसा ही करने का हुक्म दिया। हैदरी मियाँ को अपने सामने बिठाकर खिलाया और तब पूछा—'अब बड़े मियाँ दूसरी बात भी बताओ?'

सिड़ी नवाब ने बहुत संकोच के साथ कहा—

'हुजूर जानमाफ़ी हो तो कहूँ।'

नवाब बोले—'बेख़ौफ कहिए।'

तब हैदरी खाँ ने संजीदा होकर कहा—

'हुज़ूर आज आपने बुलवा लिया तो बुलवा लिया। अब दुबारा मुझे दरबार में गाने के लिए न बुलाइयेगा। आज आप खुश होकर जागीर दे देंगे तो कल नाराज़ होकर हैदरी की जान भी ले लेंगे। आपके बाद अवध को दूसरा नवाब तो मिल जाएगा, लेकिन लखनऊ वालों को दूसरा हैदरी नहीं मिलेगा। मेरी जगह तो वही गोलागंज के नानबाई की दुकान है। हुजूर को जब कभी भी मेरा गाना सुनना हो तो वहीं उसी की दुकान पर तशरीफ़ ले आएँ।'

'सिड़ी नवाब ने अपना नाम सार्थक किया और नवाब से बिना किसी जवाब की उम्मीद किए हुए झुककर आदाब किया और सबके देखते-देखते दरबार से बाहर चले गये।

दूसरे दिन शाम। गोलागंज के उसी नुक्कड़ की नानबाई की दुकान पर सामने की लकड़ी की टूटी-फूटी बेंच पर सिड़ी नवाब सुरपेटी के

सहारे उसी तरह हाथ उठाए झूमकर सोज़ख्वानी में डूबे हुए थे। भीड़ का वैसा ही ठठ उनकी हर तान और मुर्की पर वाह वाह के बन्दनवार बाँध रहा था। नानबाई की आँखों से खुशी के आँसू छलक आए थे। वह लोगों से एहसान भरे स्वरों में कह रहा था—

'सिड़ी नवाब ने तो हमारी इस दूकान को बादशाह के दरबार से भी ऊँचा दर्जा दे दिया!'

❑❑❑

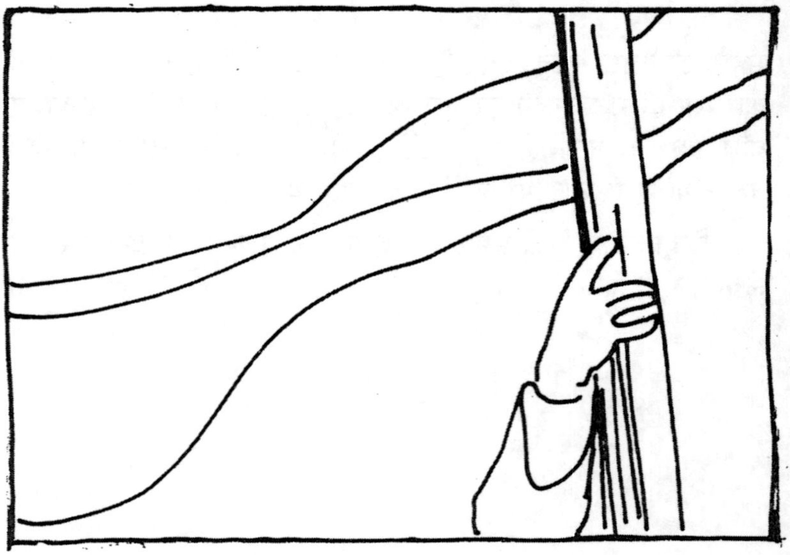

रागिनी की मुक्ति

बात तंजौर की है।

एक छोटी सी महफ़िल में उस्ताद रमजान खाँ गाना गा रहे थे। उनके प्रशंसकों की भीड़ सड़क तक फैली हुई थी। ऐसा लग रहा था जैसे उनके कंठ से निकलने वाला प्रत्येक सुर साकार रूप धर कर उस महफ़िल में नृत्य कर रहा हो। स्वर और लय का अद्‌भुत समाँ बँधा हुआ था। श्रोता अपनी सुध-बुध खो चुका था। उस्ताद अपनी स्वर लहरियों में इतना गहरे डूब चुके थे कि उन्हें देश काल का बोध नहीं था। सहसा उन्होंने तानों की तिहाई ली और गायन समाप्त करके तानपूरा रख दिया। श्रोताओं को लगा कि जैसे रस का प्याला खाली होने से पहले ही उनके सामने से खींच लिया गया। एक बोला—

'ऐसे कैसे ख़तम करियेगा उस्ताद? अभी तो आपकी तोड़ी हुई ही नहीं। और तोड़ी के बिना महफ़िल कैसी?'

श्रोताओं में से अनेक ने इस फरमाइश को दोहराया। रमजान खाँ कुछ मुस्कुराए। उन्होंने तानपूरा फिर उठाया, साज़ मिलाया और फिर से

गायन प्रारम्भ किया।

तोड़ी रागिनी पर रमज़ान खाँ का जन्म सिद्ध पैतृक अधिकार था। उसके सारे स्वर उन्हें अलग अलग सिद्ध हो चुके थे। जब भी वे उन सिद्ध स्वरों को उनके रचनात्मक उतार चढ़ाव में अपने कौशल के साथ प्रयोग करते तो सम्पूर्ण परिवेश एक दूसरे वातावरण की सृष्टि कर देता। उस अलौकिक अनुभव में श्रोता अपने भौतिक जगत को लाँघ जाता था। सुर में बसे हुए नूर का साक्षात दर्शन होने लगता था। सच पूछिए तो संगीत के क्षेत्र में रमजान खाँ की यही कमाई थी और वही उनकी सारी पूँजी थी। वे अन्य सभी राग अत्यन्त रसमयता के साथ गाते, परन्तु तोड़ी गाते हुए वे एकदम दूसरे ही व्यक्ति हो जाते थे—जैसे किसी जादुई-स्पर्श से उनमें एक चमत्कारिक परिवर्तन आ जाता था। तब संगीत उनकी रसमयी अभिव्यक्ति न रहकर उनकी उच्च स्तरीय एकांत उपासना में बदल जाता था। वे इबादत में आँखें बन्द करते तो अपने साथ अपने श्रोताओं को भी उसी दुनिया में खींच ले जाते थे।

उस्ताद रमज़ान खाँ तोड़ी को इस तरह छेड़ रहे थे जैसे कोई सोती हुई प्रियतमा को जगाने की कोशिश करे। राग की जैसे-जैसे बढ़त हुई, आनन्द के सागर में ज्वार सा उमड़ने लगा और श्रोताओं को आप्लावित करता रहा। ऐसी सिद्ध तोड़ी किसी गायक के द्वारा न तो गायी गयी थी और न श्रोताओं ने सुनी थी। पता नहीं पहले के गायकों ने तोड़ी गाकर जंगल से हिरनों को मंत्र मुग्ध करके बुलाया था या नहीं, किन्तु रमजान खाँ की तोड़ी पर श्रोताओं के हृदय मृगशावकों की तरह स्वरों की श्रृंखला में बँधते हुए तमाम लोगों ने अनुभव किया।

गाना खत्म हुआ। रमजान खाँ उठकर खड़े हुए। पान की गिलौरी मुँह में उठायी। शिष्यों ने तानपूरे उठाए और लोगों की वाह-वाह के बीच उठकर चुपचाप घर की ओर चल दिये। वे जिस आनंद में थे वहाँ प्रशंसा भरी वाह-वाह भी बाधक हो रही थी। वे उस महफ़िली दौर से अपने आपको जल्दी से जल्दी मुक्त कर लेना चाहते थे।

घर पहुँचकर कुंडी खटखटाई। शिष्य ने दरवाज़ा खोला। बैठक में झाँककर देखा—चार छः मेहमान बैठे हुए थे। दूर दूर से उनकी शोहरत

सुनकर वे उनका गाना सुनने के लिए आए थे। उस्ताद उनको सम्मान से बिठाकर घर के अन्दर पहुँचे। शिष्यों से कहा—

'अरे भाई! ये लोग बाहर से आए हैं, थके-माँदे हैं, इनके खाने पीने और आराम करने का इन्तिज़ाम करो।'

उस्ताद के शागिर्द चुपचाप सिर झुकाए खड़े रहे। रमज़ान खाँ ने पूछा—'बात क्या है तुम लोग भीतर जाकर इन्तिज़ाम क्यों नहीं करते?'

'हुजूर बेअदबी माफ़ हो! भीतर बावर्ची खाने में न तो आटा है न दाल, न आलू न प्याज़। लकड़ी हम लोग जरूर बटोर कर लाए हैं लेकिन सामान कुछ न होने की वजह से कुछ भी पका बना नहीं सके।'

रमज़ान खाँ बिना कुछ बोले बाहर निकल गये। सड़क के उस छोर पर बनिये की दूकान थी। जाकर खड़े हो गये। थोड़ी देर बाद जब बनिये ने इनकी तरफ देखा तो इन्होंने कहा—

'साह जी! घर में मेहमान आ गये हैं। ज़रूरत पड़ गयी है आपके पास फिर कुछ सामान लेने को आने के लिए।'

बनिये ने तुनक मिज़ाजी में कहा—

'मियाँ जी तुम तो हमेशा कोई न कोई बहाना करके सामान ले जाते हो। हर बार कहते हो कि बस अगली महफ़िल हुई कि पाई पाई चुका दूँगा। तब से आज तक महीनों हो गये तुम्हारी महफिलें होती ही रही होंगी, लेकिन तुमने मेरा एक पैसा भी नहीं चुकाया। हम तुम्हें उधार नहीं देंगे।'

उस्ताद आज़िज़ी के साथ बोले—

'अरे भाई! इज़्ज़त का मामला है। बाहर देश के लोग आए हैं । इस बार कुछ कर दो। मैं पाई पाई चुका दूँगा। वादा करता हूँ।'

बनिये ने कहा—'अब तो उस्ताद कुछ गिरवी रखो तो तुम्हें ये सारा सामान मिले।'

रमज़ान खाँ बोले—'अरे भाई! हम गाने बजाने वाले आदमी ठहरे! हमारे पास क्या है जो तुम्हारे पास गिरवी रख दें? यही अपनी पुरानी

शेरवानी और टोपी?

बनिये ने हँसकर कहा—

'अरे मियाँ! तुम तो बड़े मालदार हो। लाखों की तोड़ी रागिनी है तुम्हारे पास-जिस पर सारा शहर न्यौछावर हो जाता है। तुम यही रागिनी मेरे पास गिरवी रख जाओ। मैं तुम्हें सारी जिन्स दे दूँगा। जब तक तुम आज का और पिछला हिसाब साफ़ नहीं कर दोगे, तब तक तुम यह तोड़ी रागिनी कहीं नहीं गा सकते हो। बस यही शर्त है। बोलिए मंजूर है?'

रमज़ान खाँ चुपचाप खड़े सोचते रहे। बनिया सब कुछ माँग रहा था। वे कुछ बोल नहीं पा रहे थे। बनिये ने फिर कहा—'सोच लीजिए खाँ साहब फिर आ जाइयेगा।'

रमजान खाँ बोले—

'दे दो झोले में सारी जिन्स साह जी! रख दी मैंने यह तोड़ी रागिनी तुम्हारी दूकान पर गिरवी। अब जब तक तुम्हें तुम्हारे सारे पैसे देकर अपनी तोड़ी रागिनी छुड़ा नहीं लूँगा तब तक मैं इसे कहीं न गाऊँगा!'

रमजान खाँ ने जिन्स लिया और मेहमानों की खातिर करने घर लौट आये।

× × × ×

रमज़ान खाँ ने सचमुच ही अपनी सारी पूँजी खो दी। वे महफ़िलों में जहाँ भी गाने को बैठते सुनने वाले हर बार तोड़ी की ही फ़रमाइश करते! तोड़ी के नाम पर वे हमेशा सर झुका लेते और आँखें नीची कर लेते। जब लोग बहुत इसरार करते तो वे कहते—

''माफ़ कीजिए! तोड़ी मैं नहीं गा सकता। तोड़ी छोड़कर जो कहिए वह मैं आपको सुनाऊँ।''

लेकिन लोगों को तो उनसे तोड़ी सुनने की ही जैसे आदत पड़ चुकी थी। बार-बार आग्रह करने पर भी जब रमजान खाँ तोड़ी न गाते तो सुनने वालों की खीझ धीरे-धीरे गुस्से में बदल जाती। वे शोर मचाकर

उनका बाकी गाना सुनने से इंकार कर देते। रमज़ान खाँ चुपचाप सिर झुकाए हुए चार-छः महफ़िलों से उठकर चले आए। जैसे किसी ऋषि की तपस्या का फल कोई लूट ले जाय और तपस्वी का मुख श्रीहीन हो जाय— वैसे ही रमजान खाँ का तपस्वी तेज उस तोड़ी रागिनी के साथ कहीं अन्तर्गह्वर में चला गया। उनका सम्पूर्ण गायन श्रीहीन हो गया। महफ़िलों में उनकी पूछ धीरे-धीरे कम होने लगी। उनका चित्त अपने गायन से ख़ुद ही उचट गया। उन्हें लगता कि अब वे स्वर को सिद्ध करके किसी अलौकिक संसार की रचना करने में असमर्थ हैं।

रमज़ान खाँ को फ़ाकामस्ती के दिन देखने पड़ गये। पहले भी फ़ाकामस्ती कभी कभी उन पर अपना रंग दिखाती थी, लेकिन तब उन्हें अपनी कमाई को अपनी मनमर्जी लुटाकर आनन्द का अनुभव होता था। लेकिन इस दौर में फ़ाकामस्ती का जो नया रंग उभरा उसने उनके मन में आनन्द की जगह ग्लानि उत्पन्न की। उन्हें अपनी सामर्थ्य पर से भरोसा उठने लगा।

उन्हीं दिनों तंजौर के महाराज के राजमहल में पुत्र जन्मोत्सव के संबन्ध में संगीत का विशाल आयोजन हुआ। यथासमय उसमें रमजान खाँ को भी बुलावा आया। सभा में जब उनका गाना हो रहा था तभी महाराज के मुँहलगे दरबारियों ने रमजान खाँ से तोड़ी राग गवाने के लिए महाराज से प्रार्थना की। महाराज ने गायक से तोड़ी रागिनी गाने का ही आग्रह किया।

रमज़ान खाँ ने अपना गाना रोक दिया। एक क्षण चुपचाप बैठे रहे फिर हाथ जोड़कर खड़े हो गये।

विनीत स्वरों में बोले—

'अन्नदाता! आप सोलह राग छत्तीस रागनियों में से जो कहिए वह मैं गाने के लिए हाज़िर हूँ, लेकिन वह तोड़ी रागिनी गाने से मैं मजबूर हूँ। उसे गा नहीं सकता। मुझे माफ़ करिए।'

महाराज ने उत्सुकतापूर्वक पूछा—'आखिर क्यों?' रमज़ान खाँ कुछ बोले नहीं। चुपचाप खड़े रहे। महाराज की उत्सुकता कुतूहल में बदल

गयी। फिर क्रमशः खीझ और क्रोध में। उन्होंने आवेश के स्वरों में कहा—

'राजाज्ञा का उल्लंघन करने से क्या नतीजा होगा तुम्हें उसकी सज़ा मालूम है रमजान खाँ! यह तोड़ी रागिनी तुम क्यों नहीं गा रहे हो? इसका कारण निर्भय होकर कहो—क्या बात है?'

रमज़ान खाँ की आँखों से आँसू टपक रहे थे। उन्हें पोंछते हुए बोले—

'अन्नदाता! मैंने तोड़ी रागिनी को अपनी गली के साहूकार के पास गिरवी रख छोड़ा है। जब तक उसके उधारी के पैसे चुका नहीं देता तब तक यह राग न गाने की मैंने कसम खाई हुई है।'

महाराज ने रमज़ान खाँ से ज्यों ज्यों पूरी कथा सुनी, उनका रसिक मन द्रवित हो गया। रमज़ान खाँ किस कदर अपने बचन के पक्के हैं, यह जानकर सारे दरबार के लोग आश्चर्य चकित हो गये। महाराज ने उस बनिये को तत्काल बुलवाया। बोले—

'तुमने एक बेबस कलाकार की मुसीबत का फ़ायदा उठाकर पूरे समाज को आनन्द से वंचित किया है। तुम पूरे समाज के अपराधी हो। तुम्हारे लिए सख़्त से सख़्त दंड की व्यवस्था की जाएगी।'

उन्होंने उसे सौ कोड़े मारने और उसकी दूकान को जब्त कर लेने का आदेश दिया। बनिया थर-थर काँपने लगा। सिपाही कोड़ा लेकर दरबार में आया और उसने बनिये की पीठ पर से कपड़े हटा दिये। एकायक रमज़ान खाँ अपनी जगह से दौड़कर बनिये के सामने आ खड़े हुए। उन्होंने हाथ जोड़कर महाराज से विनती की—'महाबली अन्नदाता! हम आपकी मेहरबानी को ताज़िन्दगी याद रखेंगे। इस बनिये को माफ कर दीजिए। मेरे मुसीबत के दिनों में जिन्दगी की गाड़ी खींचने में इसने मेरी मदद की है। मैं इसका एहसान मन्द हूँ। मैं आपके पाँव पकड़ता हूँ—इसे माफ़ कर दीजिए! दुहाई है अन्नदाता की। इस खुशी के मौके पर किसी को तकलीफ़ न दीजिए।'

महाराज रमज़ान खाँ की बात पर किंचित मुस्कुराए। उन्होंने सिपाहियों से बनिये को छोड़ देने का आदेश दिया। फिर उसे सोने के मोहरों की एक छोटी थैली पकड़ाते हुए बोले—

'जाओ! इतने बड़े कलाकार के कहने पर हमने तुमको माफ़ किया। जो कुछ तुम्हारा हिसाब बाकी है—सोने की इन मोहरों से साफ़ कर लेना। आइन्दा तुमने इस तरह किसी आदमी को सताया और मुझ तक इसकी ख़बर आयी तो तुम्हें किसी भी तरह माफ़ न किया जाएगा।'

महाराज ने रमजान खाँ को भरपूर पुरस्कार देकर विदा करते हुए उनसे आग्रह किया कि अब वह कल के संगीत समारोह में अपनी मुक्त तोड़ी रागिनी तंजौर की समस्त जनता के सामने प्रस्तुत करें। कल राजभवन का रंगमहल सभी के लिए खुला रहेगा। रमज़ान खाँ ने कृतज्ञता में हाथ जोड़ लिया।

× × × ×

अगले दिन तंजौर की हर सड़क पर लोग पंक्ति बाँधे राजप्रासाद के रंगमहल की ओर बढ़ रहे थे। वर्षों से उन्होंने जिस सिद्ध रागिनी को नहीं सुना था—आज वे उस्ताद रमज़ान खाँ से स्वयं सुनने जा रहे थे। ऐसे कई किशोर जो अब युवा हो चुके थे, जिन्होंने उस चमत्कारिक रागिनी के बारे में केवल किंवदन्तियाँ सुन रखी थीं—आज वे भी उत्कंठापूर्वक उस चमत्कार के प्रत्यक्षदर्शी होने जा रहे थे।

सभागार खचाखच भरा हुआ था। स्वयं महाराज अपने समस्त परिवार के साथ रमज़ान खाँ की स्वर-सिद्धि से साक्षात् करने के लिए बैठे हुए थे। रमज़ान खाँ ने तानपूरा छेड़ा। आँख बन्द करके पहले देवी की स्तुति गायी और तब उन्होंने तोड़ी रागिनी प्रारम्भ की। वे वर्षों से बँधे स्वरों के बन्धन खोल खोल कर उन्हें उनके दिव्य सिंहासनों पर बिठा रहे थे। पूरा स्वरमंडल अपनी ही ज्योति से दीप्त हो उठा। सुनने वालों ने महसूस किया कि उन स्वरों में आज भी अलौकिक आकर्षण शक्ति थी। उनके प्रभामण्डलों से आरोह-अवरोह में नयी नयी आकाश गंगा की छवि सुनने वालों के बीच तैरती हुई चली जाती थी। अपने भूले

बिसरे स्वरों से मिलकर रमजान खाँ की आँखों से अविरल आनन्दाश्रु निकल रहे थे। श्रोता उसी अतिरेक में डूब-उतरा रहे थे। गाने की लय बढ़ने लगी। रंगों की अपूर्व घटा बरसने लगी। वह जो अनुभवातीत था—साक्षात् होने लगा। श्रोता उन स्वरों का स्पर्श महसूस कर रहे थे।

सहसा रमज़ान खाँ ने गाते-गाते अपने हाथ के तानपूरे पर सिर टेक दिया। स्वरों का ऋणात्मक और धनात्मक स्वरूप एक दूसरे में तिरोहित हो गया। तोड़ी की मुक्त रागिनी ने रमज़ान खाँ को देह की स्थूल जकड़न से भी मुक्त कर दिया।

अब उनके स्वरों में केवल आरोह ही आरोह बचा रह गया था।

❑❑❑

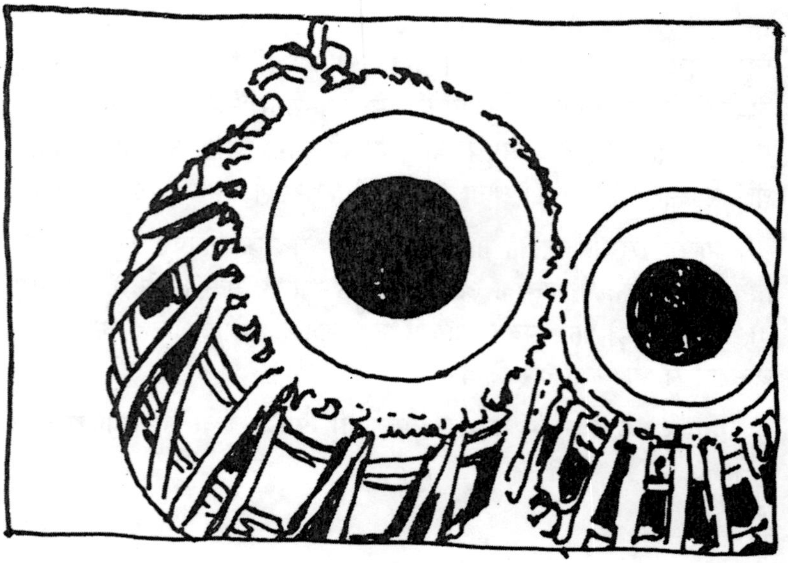

अनन्त लय

रामदेव पंडित अपने मकान के छोटे से ओसारे में कंबल डालकर बैठे हुए थे। उनके ओसारे के सामने थोड़ी सी खाली ज़मीन पड़ी थी जिसमें लौकी और करैला की बेल बेतरतीब ढंग से फैली हुई थी। उन्होंने आवाज़ देकर अपने हलवाहे को बुलाया। उसके आने पर उन्होंने उससे ओसारे के ठीक सामने डेढ़ हाथ गहरा डेढ़ हाथ चौड़ा एक गड्ढा खोदवाना शुरू किया। मिट्टी निकालकर उस गड्ढे को एकदम साफ़ कर लिया गया। तब उन्होंने हलवाहे से दूध लाने को कहा—'देखो भइया! गाय का ही दूध लाना, उसमें भैंस का दूध न मिलने पाए। और सुनो! बाल्टी को खूब अच्छी तरह साफ़ कर लेना।'

उधर हलवाहा गया। इधर रामदेव पण्डित घर के भीतर गये और एक अरघे पर रखे हुए शिवलिंग को लेकर बाहर आए। उन्होंने उस शिवलिंग को अरघे सहित गड्ढे के तल पर स्थापित कर दिया। तब तक हलवाहा बाल्टी में दूध लेकर वापस लौटा। पंडित रामदेव ने 'ॐ नमः शिवाय' कहकर गड्ढे के भीतर स्थापित शिवलिंग का बाल्टी के दूध से

अभिषेक किया। इसी क्रम में हलवाहा कई बाल्टी दूध लाया और रामदेव पण्डित उसी तरह शिवलिंग पर उन बाल्टियों से दूध चढ़ाते रहे। गड्ढा उस दूध से लबालब भर गया। तब पंडित रामदेव ने हाथ जोड़कर शिव स्त्रोत का पाठ किया और आकर ओसारे में अपने कम्बल पर बैठ गये। फिर वे उठे—भीतर गये और अपनी तबले की जोड़ी लाकर उसी कम्बल पर उन्होंने रख लिया। दाएँ बाएँ तबले को हाथ से छूकर आँख और मत्थे से लगाया। हथौड़ी से सुर मिलाया और तबले पर उनकी उँगलियाँ थिरकने लगीं।

सूरज आसमान में काफी चढ़ आया था। रामदेव पंडित की उँगलियाँ अब भी तबले पर नाच रही थीं। वे पसीने से सराबोर थे। ओढ़ी हुई चादर नीचे गिर गई थी। वे उसी तरह वीरासन में बैठे हुए 'नाधिन् धिन्ना, नाधिन् धिन्ना' का मुखड़ा बजाए जा रहे थे। उनके मुँह से उसी लय में 'सीताराम सीताराम' निकल रहा था। सामने के छोटे से गड्ढे में भरा हुआ दूध मिट्टी में सूख रहा था। तबला वादन का क्रम जारी था।

गड्ढे का दूध और सूखा-सूरज और ऊपर चढ़ा—पण्डित रामदेव की आँखें ध्यानमग्न अवस्था में बन्द थीं। उँगलियाँ उसी तरह लय के साथ खेल रही थीं। धीरे-धीरे शिवलिंग की पिंडी अरघे समेत दिखाई देने लगी। पंडित रामदेव अब भी अटूट तबला वादन में संलग्न थे। अन्ततः गड्ढे में केवल तलछट का थोड़ा सा दूध रह गया। पंडित रामदेव ने उसे देखा और अपना तबलावादन बन्द करके उठे। गड्ढे के पास जाकर उन्होंने शिवलिंग को प्रणाम किया और तलछट के दूध को माथे चढ़ाया। फिर उन्होंने उस शिवलिंग को अरघे समेत उठा लिया और उसे हृदय से लगाकर अपनी कोठरी में ले गये।

यह पंडित रामदेव का प्रातःकालीन नित्य क्रम था। इसी तरह वे रोज एक गड्ढा खुदवाते, उसमें शिवलिंग की स्थापना करके दूध से उसका अभिषेक कराते और गड्ढे के दूध से भर जाने पर वे अपना नित्य का तबला वादन का रियाज़ शुरू कर देते। यह रियाज़ तब तक चलता जब तक गड्ढे का दूध सूख न जाता और पंडित रामदेव को

अपने इष्टदेव शिवलिंग के पुनः दर्शन न हो जाते। यही दर्शन उनके रियाज़ की अवधि थी।

तपश्चर्या के इस क्रम को धीरे-धीरे कई बरस बीत गये। पंडित रामदेव स्वान्तःसुखाय तबला वादन करते रहे। उसकी लय में उन्हें जिस झंकार का साक्षात्कार होने लगा वह उनको अभूतपूर्व तन्मयता देता। अब तो पंडित जी को जब भी समय मिलता अपने तबले की जोड़ी को लेकर ओसारे में बैठ जाते। उनकी ताल और लय की अनुगूँज में डूबने के लिए पास पड़ोस के तमाम श्रोता एकत्रित हो जाते। वे सब मौन होकर पंडित जी की थिरकती हुई उँगलियों का तबले पर नृत्य देखते। पंडित जी कभी दाहिने तबले से आड़ी और विषम लय की छवि साक्षात् कर देते और कभी अत्यन्त श्रुतिमधुर ठेके के बोलों में रामधुन की झंकार जगा देते। बाएँ तबले पर जब उनकी थाप पड़ती तो बादलों के मंद्र मेघ गर्जन का आनन्द आने लगता। फिर पण्डित बाएँ और दाहिने को—उनके बोलों को मिला मिलाकर लय की विभिन्न गतियों को समन्वित किया करते।

एक दिन संध्या से ही पंडित रामदेव अपनी तबले की जोड़ी लेकर बैठ गये। धीरे धीरे रात उतरने लगी। पंडित जी की लौ लग गयी थी। पत्नी ने ओसारे में लालटेन जलाकर रख दी। पंडित जी ने आँख खोलकर देखा—कई लोग ओसारे में बैठे हुए तबले के बोलों पर झूम रहे थे। कभी ''किन् किन् किन् किन्'' सुरों में उसी तबले पर रम्भा मेनका के घुँघरू बजते तो कभी 'गर्जितोर्मि सागर जल' का निनाद उठता हुआ सारे वातावरण को आच्छादित कर देता। ध्यानमग्न पंडित रामदेव को अपने तबले के स्वरों से जैसे बनती हुई एक आकृति दीख पड़ी। उन्होंने आवेश में आकर मुखड़े से ही एक तिहाई उठाकर आवृत्ति पूरी करते हुए सम पर आते आते 'गिदित्र' की ऐसी थाप मारी कि सामने जल रही लालटेन भक्क से बुझ गयी। बैठे हुए लोगों के मुँह से चीख़ निकल पड़ी। स्वयं पंडित रामदेव को भी आश्चर्य हुआ। लालटेन फिर से जलाई गयी और तबला वादन का क्रम फिर से शुरू हुआ। पंडित रामदेव ने स्वराघात की परीक्षा के लिए तबले पर उन्हीं

बोलों को फिर से बजाना शुरू किया। उसी तरह की तिहाई बनाकर आवृत्ति पूरी करते करते वे सम पर आए और उसी तरह 'गिदित्र' की थाप फिर मारी। लालटेन की बत्ती एकदम तेज लौ फेंककर फिर उसी तरह भक्क से बुझ गयी। उन्होंने तबले पर अपना सर रख दिया और फूटकर रोने लगे।

पंडित रामदीन की कीर्ति उत्तरोत्तर फैलने लगी। वे अब पंडित रामदेव महाराज के नाम से जाने जाते थे। वे अनेक सम्मेलनों में प्रतिष्ठित वादक के रूप में अब आमन्त्रित होने लगे। उनके तबला वादन में जिस अलौकिकता का समावेश हो चुका था उसका प्रत्यक्ष प्रभाव श्रोता पर सहज ही दिखाई पड़ता था। उन्हें एक बार कलकत्ते के एक विख्यात संगीत पारखी के घर पर तबला वादन के लिए निमन्त्रित किया गया। वहाँ देश के अनेक गुणी-जन एकत्र थे। पंडित रामदेव महाराज की शोहरत से वे सब वाकिफ़ थे।

पंडित जी ने तबला वादन शुरू किया तो उनकी लय पर सबके सिर धीरे धीरे हिलने लगे। ज्यों ज्यों पंडित जी के तबला वादन में गति और लय के साथ बोलों की विभिन्न छटाएँ सामने आतीं, उपस्थित गुणी-जनों का यह श्रोता समुदाय अपने अंग-प्रत्यंग में थिरकन की वही लय महसूस करने लगा। वे सब बैठे ही बैठे आनन्द में जैसे नाच रहे थे। हर आवृत्ति पर जब सम आता तो वे अतीत अनाघात के विभिन्न सम्बन्धों को देखकर दाँतों तले उँगली दबा लेते। पंडित जी ने तबला वादन रोक दिया। वे पसीने से तरबतर थे। 'वाह वाह' से पूरी महफ़िल गूँज रही थी। एक ने पूछा—

'गुरु जी! ये "नाधिन धिन्ना" का अभ्यास इतनी तेज और सधी हुई लय में कैसे किया आपने?'

पंडित रामदेव ने हँसकर उत्तर दिया—

"भइया! मैं तो 'सीताराम सीताराम' का जप तबले में करता हूँ। आपको चाहे 'धिर किट तिर किट' लगे चाहे 'नाधिन धिन्ना'। जप का आनन्द ही दूसरा है। वह संगीत के प्रदर्शन में नहीं मिल सकता। पूरा

शरीर और बाज एकदम बीन की तरह एकसुर हो जाता है।''

जिस घर में महफ़िल लगी थी उसके मुखिया संगीत के अनन्य पारखी थे। पारखी रामदेव महाराज का वादन सुनकर अभिभूत थे। पंडित जी का पैर पकड़कर बोले—

''महाराज! हमने तो आपके तबला वादन के कई चमत्कार सुने हैं आज इस महफ़िल में आपका कोई चमत्कार हम सब देखना ही चाहते हैं।'' पंडित जी ने विनम्रता से कहा—

''भैया! हममें किसी चमत्कार की सिद्धि नहीं है। मैं तो केवल इसी तबला वादन से शंकर भगवान की पूजा करता हूँ। इस वादन का सबसे बड़ा चमत्कार यही है कि आपको इस ताल वाद्य में स्वर वाद्य का संगीत सुनने का आनन्द मिल गया। यही जीवन का रस है।''

पंडित जी ने बहुत बार कहा, लेकिन श्रोता तो चमत्कार देखने को जैसे तुले बैठे थे। ये लोग बार बार पंडित जी से आग्रह करते रहे। हारकर पंडित जी ने अपने इष्टदेव का स्मरण किया और तबले की जोड़ी पर फिर हाथ रखा। उनका सहज ही ध्यान केन्द्रित हो गया। उन्होंने झाड़ फानूसों से जगमगाती हुई उस महफ़िल में आड़ी और विषम लय की आवृत्तियों के बीच से यात्रा करते हुए सम पर आकर 'गिदिन्न' की ऐसी जोरदार थाप मारी की उस सभागार की सारी बत्तियाँ एक साथ बुझ गयीं। पंडित जी ने तबला बजाना रोक दिया और बोले—

''बत्तियाँ फिर से जलवाइये।''

मशालची ने सारी मोमबत्तियों को शीघ्र ही पुनः प्रज्ज्वलित कर दिया। महफ़िल में प्रकाश फिर आ गया। पंडित रामदेव ने अपना तबला वादन फिर से शुरू किया। इस बार लय बहुत चढ़ी हुई थी। सम पर सम की आवृत्ति इतनी तेजी से आ रही थी कि श्रोताओं को उसके साथ ताल देना असंभव हो रहा था। तबले के साथ बजने वाला लहरा केवल एक सम्पूर्ण स्वर की तरह सुनाई पड़ रहा था। तभी पंडित जी ने उसी तरह की आड़ी लय में तिहाइयाँ बनाकर आवृत्ति पूरी की और सम पर आते हुए जैसे ही उन्होंने 'गिदिन्न' की थाप मारी, वैसे ही उस बड़े

कमरे की महफ़िल में सारी बत्तियाँ फिर गुल हो गयीं। उन्होंने अँधेरे में तबले की जोड़ी पर सिर रख दिया।

पूरी महफ़िल 'वाह वाह' और 'धन्य हो के शोर से गूँज उठी। लोग उनके चरण छूने लपक पड़े। परन्तु पंडित जी निश्चेष्ट होकर तबले पर ही लुढ़क गये थे। वे अनन्त लय में लीन हो चुके थे। अब प्रकाश केवल उनके चेहरे पर जगमगा रहा था।

❑❑❑

रघुपति राघव राजाराम

गिरनार पर्वत माला दूर तक चक्राकार फैली हुई थी। उसके बीच एक छोटे से टीले पर एक शिव मन्दिर था—उसके सामने पत्थर का एक छोटा सा चबूतरा था। बीस वर्षीय युवा विष्णु शिव मन्दिर के सामने के उसी चबूतरे पर बैठा अपनी संगीत साधना को मुखर कर रहा था। सामने गेरुए वस्त्र में शुभ्र लम्बी दाढ़ी वाला एक वैरागी प्रसन्नचित्त उसका गाना सुन रहा था। इस निर्जन वन प्रान्तर में उस संगीत का वही एक मात्र श्रोता था। विष्णु पूरे उत्साह के साथ अपने गुरु द्वारा प्राप्त संगीत के ज्ञान को उजागर करने का यत्न कर रहा था—आखिर उसने दिन रात जागकर अपने केशों को रस्सी से कील में बाँधकर एक हाथ से तानपूरा बजाते हुए और एक हाथ से बाएँ तबले से ताल देते हुए अपनी शिक्षा का अभ्यास पूरा किया था!! स्वर और लय पर उसका समान अधिकार था। किसी भी राग को निष्णात् ढंग से प्रस्तुत करने में विष्णु को किंचित संकोच नहीं होता था।

गाना समाप्त करके उसने सामने बैठे हुए धवलकेशी वैरागी की ओर आत्मजयी भाव से देखा। जैसे वह कहना चाहता था कि अब इसके आगे राग में—उसकी परिपूर्णता में अब कुछ भी शेष नहीं है। जो सम्भव था वह जैसे विष्णु ने पूरा करके दिखा दिया। धवलकेशी वैरागी ने प्रसन्नता से अपना सिर हिलाया और विष्णु के हाथ से तानपूरा लेकर उसे अपने स्वर के अनुकूल मिलाने लगा।

वैरागी ने मन्द सप्तक में स्वरों को छेड़कर जैसे ही षड़ज को अपने कण्ठ में स्थापित किया, विष्णु के पूरे शरीर में अभूतपूर्व रोमांच हो आया। उसे लगा कि जैसे बिजली का स्पर्श हो रहा है। उसके स्वरों में ऋजुता बरस रही थी—लगता था कि सारी गिरनार पर्वतमाला और वृक्षा-वली दिव्य स्नान कर नई दीप्ति से भर गयी। वह भैरव राग की अवतारणा कर रहा था। सारा वातावरण स्वर पुंजों के आरोह-अवरोह से जैसे पुनः भासित होने लगा। गायक और श्रोता दोनों किसी अदृश्य प्रवाह में बह चले। नाद का वैभव संगीत के शिखरों को चूम रहा था।

जब गायन समाप्त हुआ तो युवक विष्णु स्वरों के प्रकाश से चका-चौंध वैरागी के चरणों में लोट रहा था। वैरागी ने उसके सिर पर हाथ फेरते हुए कहा—

'तुम्हारे पास विद्या का अकूत भंडार है। उठो! और इस भंडार को सारे देश में बाँट दो बेटा। बाँटने की इसी प्रक्रिया में तुम अपने गन्तव्य तक स्वयं पहुँच जाओगे। और इस बाँटने का अभिमान कभी मत करना। अभिमान तो विद्या को खा जाता है। उठो! और यहाँ से सीधे पंजाब के लिए चल पड़ो। तुम्हें अपना कार्य क्षेत्र पंजाब को ही बनाना है।' गायक विष्णु की सम्पूर्ण चेतना जब तक लौटी तब तक वह धवलकेशी जा चुका था। युवा विष्णु उसे खोजने के लिए इधर-उधर दौड़ा किन्तु वैरागी का कहीं पता न था। विष्णु को लगा कि वैरागी के रूप में स्वयं प्रभु ने ही उसका अभिमान खंडित किया है और कार्यक्षेत्र के सम्बन्ध में आदेश दिया है। भगवान का आदेश मानकर विष्णु लाहौर पहुँच गया।

लाहौर। अटपटी जगह—अक्खड़ लोग, खाने पीने के शौकीन, संगीत की दुंनिया से एकदम कटे हुए!! लेकिन विष्णु को उसी भूमि में अपनी तपस्थली बनानी थी। पत्थर पर दूब उगानी थी। भारतीय संगीत को उस समय के समाज ने कोठेवाली तवायफ़ों तक सीमित कर दिया था। वह केवल विलासिता का अनुपान था। वहाँ भले घर की लड़कियों और लड़कों को एकत्र करके उनमें शुद्ध संगीत के स्वर आरोपित करना सचमुच पत्थर पर दूब उगाने जैसा ही काम था। विष्णु ने अपने इस काम के लिए मीरा, सूर और तुलसी के भक्ति पदों का सहारा लिया। वे जहाँ भी बैठते तानपूरा छेड़ते और 'श्री रामचन्द्र कृपालु भजु मन हरण भव-भय-दारुणं' अत्यन्त मीठे स्वरों में गाने लगते। स्वरों में खिंचाव था, लोग इकट्ठा होने लगे। इन भक्ति पदों के द्वारा संगीत के आस्तिक परिवारों में उसकी पैठ हो गयी। लड़के लड़कियों के आकर्षण से उत्साहित होकर फिर उसने एक छोटा सा विद्यालय ही खोल दिया। नाम दिया—'गान्धर्व महाविद्यालय।'

संगीत विद्यालय में भीड़ बढ़ने लगी। स्वरों का जादू सिर चढ़कर बोलने लगा। विद्यालय चल निकला। उसके एक प्रशंसक मित्र ने व्यंग्य किया—"अरे पण्डित जी, इन कूढ़ दिमागों पर आप कितना समय बर्बाद करते हैं। इन्हें क्या गाना बजाना आएगा? और इस तरह की किताबी शिक्षा से कहीं तानसेन बना करते हैं?"

विष्णु ने सहज ही उत्तर दिया—

"मैं यह विद्यालय तानसेन बनाने के लिए नहीं, बल्कि कानसेन बनाने का संकल्प लेकर चला रहा हूँ। इन्हें सही गाना सुनना यदि आ जायेगा, स्वरों की प्रभावशीलता जिस समाज को मिल जाएगी उसमें से तानसेन तो स्वत: ही जन्म ले लेगा। तानसेन पैदा होने के लिए वैसा माहौल चाहिए।"

अँग्रेजों के ख़िलाफ़ देश में लड़ाई छिड़ चुकी थी। पंजाब में भी उस आग को लोग जगह-जगह प्रज्ज्वलित कर रहे थे। गायक विष्णु को लगता कि उसकी स्वर साधना से मातृभूमि की सेवा होनी ही है। वह कलाकार ही नहीं है— वह इस देश का एक गुलाम—कलाकार है।

जब तक उसकी मातृभूमि स्वतन्त्र नहीं होती तब तक संगीत की साधना भी अपनी स्वतन्त्र अभिव्यक्ति नहीं पाएगी। माता के मुक्ति की कामना उसके कण्ठ से बन्दे मातरम् ही होकर फूट चली। राष्ट्रीय काँग्रेस के अधिवेशनों में उसने सिंह की दहाड़ के साथ बंकिम बाबू का 'सुजलां सुफलां मलयज शीतलाम् शस्य श्यामलाम् बन्दे मातरम्' गाया। सम्पूर्ण राष्ट्र संगीत के उन स्वरों से हिल गया। सभी सुनने वाले चमत्कृत थे।

विष्णु के शिष्यों की अच्छी पंक्ति तैयार हो चुकी थी। वह फिर अपनी जन्म भूमि महाराष्ट्र वापस लौटा और उसने बम्बई में 'संगीत समाज' को प्रतिष्ठित किया। संगीत का साधक कलाकार समाज का एक आदर्श नागरिक कहलाए उसके लिए उसने अपने शिष्यों पर कठिन सदाचरण के नियम और अनुशासन लागू किए। उसका गृहस्थ जीवन क्रमशः समाप्त हो गया। पत्नी का देहान्त हुआ और एक एक करके वह अपनी संतानों को भी श्मशान पहुँचा आया। अब सब कुछ परित्याग करके उसने सन्तों का बाना अपना लिया। वही अपने गिरनार वाले वैरागी गुरु की वेशभूषा—लम्बा गेरुआ वस्त्र, ऋषि परम्परा की दाढ़ी और हाथ में तम्बूरे के स्थान पर जोगियों वाला एकतारा यन्त्र। वे भजन गाते, जगह-जगह सैकड़ों का मजमा एकत्र करते पूरे देश का दौरा करने लगे। संगीत का व्यापक प्रचार हुआ। विद्यालय खुले। संगीत की प्रतिष्ठा लौटी।

बचपन में ही दीवाली के पटाखों से नेत्रों की ज्योति क्षरित हो गयी थी, किन्तु संगीत के विद्यार्थियों को भारतीय संगीत की क्रमबद्ध वैज्ञानिक शिक्षा देने के लिए अपने शिष्यों की सहायता से उन्होंने कई ग्रन्थों की रचना की। संगीत के विषय की पत्रिकाएँ निकालीं और संगीत जगत की विभूतियों के समाचार प्रकाशित करवाये। देश में जहाँ जहाँ गान्धर्व महाविद्यालय की शिक्षण पद्धति प्रारम्भ हो गयी थी वहाँ उन्होंने अपने द्वारा प्रशिक्षित कठिन अनुशासन वाले सदाचारी शिक्षकों की नियुक्ति की। वे भारतीय संगीत के आदर्शों के 'पहरुए' बने।

अब वे पंडित विष्णु दिगम्बर पलुस्कर कहलाते। संगीत का प्रचार ही उनके जीवन का मिशन हो गया था। तीर्थों की यात्रा करते। अंधेरे में

पड़े संगीतज्ञों को ढूँढ़ कर निकालते। उनका सम्मान करते और अपनी भरी सभाओं में बिना किसी माइक्रोफोन के 'ॐ जय जगदीश हरे' और 'रघुपति राघव राजाराम' ही न केवल गाते, बल्कि सम्पूर्ण श्रोता समूह से इस प्रकार गवाते कि सारा वातावरण उसी ध्वनि से आन्दोलित हो उठता। हैदराबाद की सभा में हिन्दू-मुसलमान एक स्वर से उनके साथ 'रघुपति राघव राजाराम' गा रहा था। पं० विष्णु दिगंबर साथ-साथ गा रहे थे और उनकी आँखों से आनन्द के आँसू बरस रहे थे। वे अपने गायन का अन्त अकसर 'बन्दे मातरम्' से कर देते।

अंग्रेजों का दमन चक्र तेज हो रहा था। नेताओं को पकड़ पकड़कर जेल में ठूँसा जा रहा था। पं० विष्णु दिगम्बर पलुस्कर संगीत के नाम पर जो सभाएँ आयोजित करते उनमें भी राष्ट्रीय गीत वे स्वयं गाते और श्रोताओं से भी गवाते। अपार भीड़ होती। कोकोनाडा में राष्ट्रीय काँग्रेस का अधिवेशन होने वाला था। विष्णु दिगम्बर की बढ़ती हुई लोक-प्रियता की शक्ति को भाँपकर अंग्रेज सरकार ने उन पर प्रतिबन्ध लगाया कि वे न तो उस अधिवेशन में भाग लेंगे और न ही वहाँ 'बन्दे मातरम' गाएँगे। आज्ञा का उल्लंघन करने पर जेल भेजने या गोली से उड़ा दिये जाने की भी धमकी उसमें निहित थी। पूरा देश असमंजस के साथ इस संगीत साधक को देख रहा था।

कांग्रेस के अधिवेशन का दिन आ गया। हर बार से अधिक राष्ट्र प्रेम के दीवाने उस अधिवेशन में शामिल होने के लिए वहाँ पहुँचे। सबके मन में आशंका थी कि इस बार वे विष्णु दिगम्बर पलुस्कर का 'बन्दे मातरम्' नहीं सुन सकेंगे। अचानक उन्होंने देखा कि ऊँचे मंच पर उसी गेरुए, लम्बे चोंगे में संगीत संत अपना एकतारा लिए हुए मौजूद हैं। भीड़ ने जय जयकार किया। पं० विष्णु दिगंबर ने मंच पर खड़े होकर शासकों को ललकारते हुए 'बन्दे मातरम्' प्रारम्भ कर दिया। पूरा दर्शक समाज जयघोष के साथ गा रहा था।

सप्त कोटि कंठ कल कल निनाद कराले

द्वि सप्त कोटि भुजैर्धृत खर कर वाले

अबला के नो माँ एतो बोले?

बहुबल धारिणीम्

नमामि तारिणीम्

रिपुदल वारिणीम्

मातरम्............बन्दे मातरम्..............

किसी का साहस नहीं हुआ कि वह उन स्वरों को अवरुद्ध कर सके!

× × × ×

श्रावण। तुलसी जयन्ती का दिन। पं० विष्णु दिगम्बर को अपने महाप्रस्थान की बेला का बोध हो चुका था। देश के अनेक स्थानों पर राम कथा कहते कहते अब वे अनन्त विश्राम के लिए आ गये थे। उनकी शिष्य मंडली उनके चारों ओर रामकथा के पदों का गायन कर रही थी। कई तानपूरे एक साथ बज रहे थे। विष्णु दिगंबर की आँखें धीरे धीरे स्वरों की महासमाधि में बन्द हो रही थीं। वह स्वयं गुनगुना रहे थे—

'रघुपति राघव राजाराम'

❑❑❑

तू प्रेम की नजर से नजरिया मिलाए जा

उत्तर भारत के मुफ़स्सिल क्षेत्र में एक छोटा सा रेलवे स्टेशन कुछ दूर बसे हुए एक कस्बे को जोड़ता हुआ। स्टेशन के बाहर बने हुए कुछ छोटे छोटे क्वार्टर। एक पक्की जगत वाला छाया हुआ कुआँ। जमीन से सिर्फ छह इंच ऊँचाई का सुर्खी चूने का बना हुआ प्लेटफार्म जिसके दोनों सिरे पर जड़े हुए पत्थर के नामपट्ट बताते थे कि वह 'बहादुरगंज' नाम का एक सुनसान रेलवे स्टेशन है। यहाँ कोई तेज डाकगाड़ी नहीं रुकती। सवारी गाड़ियों के लिए भी दिन भर में मुश्किल से एकाध टिकट कटता है। यहाँ के असिस्टेंट स्टेशन मास्टर पं० शिवमोहन दिन भर में तीन चार बार सफ़ेद कोट पहन कर हरी झंडी लेकर खड़े रहते—गाड़ियाँ उनके सामने से झक झक झक झक करती निकल जातीं।

आज स्टेशन के बाहर कुछ और ही समाँ था। चारों तरफ रंग बिरंगी झंडियाँ लगी हुई थीं। असिस्टेंट स्टेशन मास्टर के क्वार्टर के सामने वाले मैदान में एक शामियाना लगा हुआ था। उसमें कुछ तख़त और चारपाइयाँ पड़ी हुई थीं। पुराने ढर्रे के एक ग्रामोफोन रिकार्ड में

भैरवी की कोई पुरानी ठुमरी बज रही थी। मेहमानों की आवाजाही से वह छोटा सा घर भरा हुआ था। आज पं० शिवमोहन के लड़के का जनेऊ था।

स्टेशन पर भी हर दिन से कुछ ज्यादा चहल पहल थी। पं० शिवमोहन आतुर होकर उस डाकगाड़ी की प्रतीक्षा कर रहे थे जो उन्हीं की ख़ास प्रार्थना पर उस छोटे स्टेशन 'बहादुरगंज' पर रुकने वाली थी। अपने तीन चार स्टाफ़ कर्मचारियों के साथ वे अपने मेहमानों का इंतिज़ार कर रहे थे। तभी दूर से सीटी देती हुई डाकगाड़ी आती दिखाई पड़ी। वे अपने हाथ की लाल झंडी ज़ोर-ज़ोर से हिलाने लगे। डाकगाड़ी ब्रेक लगाती हुई प्लेटफार्म पर रुक गयी। पं० शिवमोहन अपने स्टाफ के साथ पहले दर्जे के डिब्बे की तरफ लपके। उनके मेहमान उतर रहे थे—हारमोनियम पेटी-बाजा, ओहार चढ़ी तबले की जोड़ी, खोल चढ़े जोड़ी तानपूरे और उन्हें बजाने वाले कलाकार। फिर सबसे पीछे अपनी काली शेरवानी में चाँदी के बटनों को बन्द करते हुए लम्बी फेल्ट मुस्लिम टोपी सम्हालते हुए डिब्बे की सीढ़ियों तक आए गायक के पं० शिवमोहन ने लपक कर पैर छुए और उन्हें सहारा देकर नीचे प्लेटफार्म तक उतारा। ये उस्ताद फैयाज़ खाँ साहब थे।

× × × ×

आज असिस्टेंट स्टेशन मास्टर पं० शिवमोहन की जिंदगी का वह दिन था जिसे जीवन की उपलब्धि का दिन कहते हैं। बचपन से ही गाने बजाने का शौक़ उन्हें अपने परिवार से विरासत में मिला था। जहाँ कहीं भी गाने बजाने का जलसा होता कि किशोर शिवमोहन खबर पाते ही दौड़ा हुआ पहुँच जाता। उसे शास्त्रीय संगीत का नशा सा हो गया था। कहीं किसी महफ़िल में उसने उस्ताद फैयाज़ खाँ की मुल्तानी सुनी और बस उसी दिन से वह उनका गुलाम हो गया। फिर उसने सुना कि उसके नायक गायक उस्ताद फैयाज़ खाँ की मैसूर दरबार में बड़े उस्ताद हाफ़िज़ खाँ साहब से होड़ बदी गई है। वहाँ दोनों ही उस्ताद घण्टों इतनी महारत से गाते रहे कि फैसला करने वालों के लिए यह मुश्किल हो गया कि किसे पहले नम्बर पर रखें!! तभी तो मैसूर के महाराज ने

उस्ताद फैयाज़ खाँ के गाने पर रीझ कर उन्हें—'अफ़ताबे-मौसीक़ी' (गायन मार्तण्ड) का ख़िताब अता किया। यह ख़बर शिवमोहन ने सुनी और पढ़ी तो उसकी छाती गर्व से फूल उठी। उसे लगा कि यह सम्मान जैसे उसी को मिला है। अब उसने गाना सीखने के नाम पर सिर्फ़ उस्ताद फैयाज़ खाँ का गाना सुनने का ही संकल्प ले लिया। हर संगीत सम्मेलन में शिवमोहन किसी न किसी तरह पहुँच जाता—लखनऊ इलाहाबाद, कलकत्ता, बड़ौदा-बम्बई-सब जगह शिवमोहन सिर्फ खाँ साहब का गाना सुनने को पहुँचता—दरबारी, जै जैवंती, देस, तोड़ी, नट बिहाग, जोगिया, जौनपुरी, रामकली.......... ! जब वह अकेला होता तो वही राग गुनगुनाता..........'मुकुट पर वारी जाऊँ नागर नंदा..........' जहाँ जहाँ उस्ताद फैयाज़ खाँ जाते इसी तरह एकलव्य परंपरा के अपने कितने ही शिष्य बनाते चले जाते!

वह गाने बैठते तो पूरी महफ़िल सज जाती। उनका 'नोम तोम' का आलाप साक्षात् ओंकार का नाद विस्तार लगता—ध्रुपद और धमार की गायकी को एक क्षण में प्रकट कर देता। आगरा घराने की गायकी कितनी रसमयी और रंगीली हो सकती है—इसे दर्शाने के लिए केवल उस्ताद का ही संगीत सुना जा सकता था। शिवमोहन तो जब देखो तब उनका दादरा दुहराता रहता....... 'तू प्रेम की नजर से नज़रिया मिलाए जा....... !!'

शिवमोहन ने गाने के चक्कर में पड़कर पढ़ाई छोड़ दी। उसने रेलवे में एक छोटी सी नौकरी कर ली। इस नौकरी में उसे यह सुविधा थी कि वह देश के किसी कोने में अपने मन चाहे उस्ताद फैयाज़ खाँ का गाना सुनने के लिए बिना टिकट जा सकता था। जब वह वापस अपने काम पर लौटता तो उसे गुनगुनाने के लिए एक नई बंदिश मिल जाती! बस यही उसकी तृप्ति थी। आँखें बन्द करता तो वह देखने लगता—उस्ताद फैयाज़ खाँ साहब काली अचकन पहने मंच पर गाने के लिए आए हैं। उनके सीने पर तमाम तरह के सोने-चाँदी के तमग़े लगे हुए हैं—सिर पर क़भी टोपी है तो कभी गुलाबी साफ़ा। देश के नामी तबलिए साथ में संगत करने के लिए बैठे हैं—फैयाज़ खाँ साहब आलाप के साथ शुरू

करते हैं—राग को ऐसे दुलरा कर, सँवार सजा कर, मनुहार के साथ उसे धीरे-धीरे खोलते हैं कि लगता कोई रससिद्ध कुशल नायक अपनी प्रेमिका के साथ केलिबिहार कर रहा है। शिवमोहन की आँखों में सपने तैरते ही जा रहे थे—रस की नई सृष्टि हो रही थी—'फूल गेंदवन की मैं का ना मारो..........' और फिर कहाँ कहाँ से घूमते हुए आते और 'मनमोहन ब्रज को रसिया..........' शुरू हो जाते। महफ़िल में किसी की आँखों में नींद कहाँ? खाँ साहब भरे जाड़े की रात में गाते गाते पसीने से तर हो रहे हैं—पहले शेरवानी के बटन खोलते हैं, फिर पगड़ी उतारकर रख देते हैं..........गाना जारी है। फिर तानों की लड़ियाँ गूँथते-गूँथते वे अपनी शेरवानी भी उतारकर रख देते। अब वे उस पूस की रात में सिर्फ मलमल का एक कुर्ता पहने गा रहे हैं!..........

शिवमोहन को पता नहीं—सबेरा कब हो गया था!!

× × × ×

उनके गाने के प्रति अपनी इस हद तक की दीवानगी का पता शिवमोहन ने कभी उस्ताद तक जाहिर नहीं किया। उसकी नौकरी में अब कुछ ही साल बाकी थे। तरक़्की के नाम पर वह अब इस छोटे से रेलवे स्टेशन की असिस्टेंट स्टेशन मास्टरी करके बेहद खुश था। ज्यादातर खाली रहता तो उस्ताद फैयाज़ खाँ के ग्रामोफोन रिकार्डों से अपना दिल बहलाता। उस छोटे से सुनसान रेलवे स्टेशन में अपने को मसरूफ़ रखने का और कोई दूसरा आसान ज़रिया भी नहीं था। उस छोटी सी ज़िंदगी में जब उत्सव के नाम पर लड़के के जनेऊ करने की बात आई तो पं० शिवमोहन को लगा कि इस मौके पर बिना उस्ताद फैयाज़ खाँ साहब के गायन के—'पूर्णाहुति नहीं हो सकती!' बस अपने इस लक्ष्य की प्राप्ति के लिए उसने चारों तरफ से कोशिश शुरू कर दी। उस्ताद ने ऐसी महफ़िलों में गाने की फ़ीस पाँच सौ रुपये और फर्स्टक्लास में आने जाने की शर्त लगा दी ताकि उन्हें कोई ऐरा-गैरा बुला ही न सके। लेकिन पं० शिवमोहन को तो उस जनेऊ संस्कार में सिर्फ़ यही एक काम करना था। हर तरह से हर शर्त मानने को तैयार!

एक एक पाई जोड़कर रखी हुई पूँजी में से उस्ताद की कुछ नज़र हो जाय तो शिवमोहन का सपना पूरा हो जाय—

और आखिर वह दिन आ गया!

× × × ×

दूसरे दिन जनेऊ का संस्कार हुआ। पं० शिवमोहन का मुंडित-मस्तक-पुत्र यज्ञादि से निवृत्त होकर बटु का वेश धारण किए हाथ में भिक्षा पात्र लेकर सब मेहमानों के सामने से निकला। हर किसी ने अपनी इच्छा और हैसियत के अनुसार उस भिक्षापात्र में रुपये डाले और बालक को विद्यावान चिरंजीवी होने का आशीर्वाद दिया। फिर सबको भोजन कराया गया। यह सब कुछ जिस शामियाने के नीचे हो रहा था उसी के एक किनारे पर बैठे हुए गायक उस्ताद फैयाज़ खाँ जीवन में पहली बार किसी ब्राह्मण के घर में जनेऊ का संस्कार देख रहे थे। धीरे से उसी स्टेशन पर काम करने वाले एक बाबू से खाँ साहब ने पूछा—'इन स्टेशन मास्टर साहब की क्या तनख़ाह होगी?' उसने उसी तरह धीरे स्वर में कहा—'यही सत्तर पचहत्तर रुपये मिलते हैं। यह तो इनका अपना उत्साह है खाँ साहब!'

शाम होने को आई और साथ ही संगीत के जलसे की तैयारी होने लगी। पं० शिवमोहन दरी बिछाने से लेकर तख़त जोड़कर मंच बनाने में खुद ही लगे हुए थे। उस क़स्बे के तमाम लोग धीरे-धीरे उस शामियाने के नीचे इकट्ठा होने लगे! जिन्होंने कभी उस्ताद फैयाज़ खाँ का नाम भी नहीं सुना था—वे भी गाना बजाना सुनने के लिए वहाँ पहुँच रहे थे—स्टेशन मास्टर ने हिन्दुस्तान के किसी बड़े उस्ताद को बुलवाया है न!!

और उस्ताद गाने के लिए बैठे तो जैसे उस सुनसान स्टेशन के इर्द-गिर्द एक दूसरी दुनिया ही उतर आई। उस्ताद फैयाज़ खाँ साहब अपने सामने बैठे हुए सुनने वालों को देख देख कर गा रहे थे। हर बार राग बदलते जाते—उसके रसभरे अंग का मज़ा ले लेकर उसकी बंदिशें सुनाते, फिर छोटी-छोटी तानों से उसे सजा सँवारकर उसमें ताल के नए

चमत्कार दिखलाते चलते। खाँ साहब मुल्तानी, पीलू से शुरू होकर भैरवी के 'बाजूबंद खुल खुल जाय·····' तक पहुँच चुके थे। पं० शिवमोहन अपने आनंदातिरेक में बेसुध होकर बार-बार उनके पैर पकड़ लेते थे। रात बीतने को आ रही थी। खाँ साहब ने फिर दादरा और ग़ज़लों की छटा बिखेर दी। भीड़ इस कदर बढ़ गई थी कि शामियाने के बाहर दूर दूर तक सिर्फ आदमी ही आदमी दिखाई पड़ता था। स्टेशन से सीटी बजाती हुई कोई रेलगाड़ी निकलती तो खाँ साहब अपनी तानों का कोई सुर खींचकर उस सीटी से मिला देते! भीड़ खुशी से चीख उठती! लोग ऐसा चौमुखा गाना सुनकर दंग थे।

गाना खत्म हुआ। पं० शिवमोहन का रोम-रोम धन्य हो उठा। उनके साथ ही उनके आए हुए मेहमान और उस सुनसान रहने वाली ज़मीन का चप्पा चप्पा भी धन्य हो उठा। सब लोग सुर की उस बारिश में भीगे हुए थे। थोड़ी ही देर में उस्ताद की वह डाकगाड़ी आने वाली थी, जिससे उनको वापस जाना था। वे उठे और अपने साथीदारों के साथ अपना सामान बाँधने में लग गये।

शिवमोहन आँखों में आँसू, हाथ में पाँच सौ रुपये वाला लिफ़ाफ़ा और फर्स्टक्लास के पास लेकर उस्ताद फैयाज़ खाँ की सेवा में हाज़िर थे—

'आपने मेरे गरीब खाने पर तशरीफ़ लाकर और यहाँ गाना गाने की जो नियामत मुझ पर बख्शी है, उसे मैं जिंदगी भर नहीं भुला पाऊँगा। शायद यही एक मेरी जिंदगी की तमन्ना थी, जो पूरी हो गयी। आपका गाना सुनते-सुनते मेरी उम्र कट गई। अब कुछ जो बाकी है वह इस गाने की याद करते-करते कट जाएगी!'

उस्ताद फैयाज़ खाँ ने पं० शिवमोहन के लड़के को बुलाया। वह आया—उसने भी खाँ साहब के पैर छुए। खाँ साहब ने तब तक पं० शिवमोहन के हाथों से लिफ़ाफ़ा ले लिया। उसमें अपनी तरफ़ से पाँच सौ एक रुपये और रखकर उस लड़के के हाथ में पकड़ाते हुए बोले—'जियो बेटा! खुश रहो! अल्लाह तुम्हें लम्बी उम्र दे बेटा·········!'

पं० शिवमोहन ने उनका हाथ पकड़ना चाहा—'अरे आप यह क्या कर रहे हैं? ये तो हमने आपकी सेवा में इस खुशी के मौके पर नज़र ....आप..........'

खाँ साहब बोले—

'पंडित जी आपके यहाँ जनेऊ में जो भी आए, सब लोग इस बच्चे को कुछ न कुछ देकर गये! क्या मैं इतना छोटा हूँ कि यहाँ कुछ देकर नहीं, बल्कि लेकर जाऊँगा? रुपये आपने दे दिया—आपका काम हो गया। अब मैं अपनी तरफ़ से यह न्यौछावर देकर जा रहा हूँ!..........बस अब कुछ न बोलिए!'

डाकगाड़ी फिर रोकी गई। पं० शिवमोहन ने उस्ताद फैयाज़ खाँ के फिर पैर छुए और उन्हें गाड़ी में चढ़ा दिया। डाकगाड़ी द्रुत लय में दौड़ चली। पं० शिवमोहन गाड़ी के आखिरी डिब्बे को ओझल होते हुए देख रहे थे। बहादुरगंज का सुनसान रेलवे स्टेशन तानपूरे की तरह अनुगूँजों में बज रहा था।

❑❑❑

छप्पन छुरी की कथा

जानकी बाई शाम की महफ़िल के लिए—अपना साज-सिंगार (मेकअप) कर रही थी। 'मेकअप' होता भी क्या—एक तो भगवान ने ऐसे ही साँवला रूप दिया था, ऊपर से छूरियों के घावों से सारा चेहरा भरा हुआ था। एक अजब सी शक़्ल बन गयी थी। उसके चेहरे पर ही नहीं सारे बदन पर छूरियों के छप्पन से ऊपर घाव थे—इसीलिए जानकी बाई छप्पन छुरी के नाम से भी विख्यात थी। सूरत शकल ऐसी कि देखकर आँखों को भी घबराहट होने लगे, लेकिन कंठ ऐसा कि ज़रा सा छिड़ जाय तो मानों मधु और अमृत की धारासार वर्षा होने लगती। यही वर्षा हर सुनने वाले को नागपाश में बाँध लेती थी। जानकी बाई का यही जादू था।

विंध्य अंचल के बघेलखण्ड़ क्षेत्र में एक छोटी सी पुरानी रियासत थी—रींवा। वहाँ के राजवंश की बड़ी शोहरत थी। छोटी रियासत जरूर थी, लेकिन उसके कलापारखी होने का दावा बहुत दूर तक फैला हुआ

था। इलाहाबाद क्षेत्र से सटे होने के कारण अनेक प्रतिभाएँ वहाँ पहुँचती रहतीं।

उस दिन रींवा के राजवंश में एक विवाह था। रींवा महाराज के मीर मुंशी ने महफ़िल को सजाने के लिए गाने बजाने का जो प्रोग्राम तय किया उसमें जानकी बाई को भी उन्होंने बुलवाया। जानकी बाई उस वक़्त तक इलाहाबाद की मशहूर तवायफ़ हो चुकी थी जिसके गाने की धूम मची हुई थी। जानकी बाई ने सोने चाँदी के काम से मढ़ा हुआ अपना कीमती पेशवाज़ निकाला। उसे एक बार पहनकर शीशे में देखा। झरोखे से किसी मनचले दरबारी ने तवायफ़ के एकांतिक श्रृंगार को चुपचाप देखने के लिए झाँका। जानकी बाई के पेशवाज़ पर रोशनी पड़ रही थी। उस दरबारी की आँखें चकाचौंध में थीं। तब तक उसकी निगाहें जानकी बाई के घूमे हुए चेहरे पर गयीं। उसके मुँह से हल्की सी चीख़ निकल गयी। वह भागा भागा महाराजा के हुज़ूर में पहुँचा। एक बदसूरत रंडी को भरी महफ़िल में बुलाने के लिए और शादी के मौके पर रींवा दरबार की हँसी करवाने के लिए उसने महाराजा से मीर-मुंशी की शिकायत की। महाराजा की त्योरियाँ चढ़ गयीं। वे क्रोध से काँपने लगे। मीर मुंशी को बुलाया गया।

डाँट फटकार के बाद शाही हुकुम हुआ कि फौरन इस बदसूरत तवायफ़ को शहर से भगा दिया जाय और किसी दूसरी गायिका का इन्तज़ाम किया जाय। मीर मुंशी तो सब जानते थे, लेकिन महाराजा के क्रोध के आगे कुछ कह न पाए। भागे-भागे जानकी बाई के पास गये। थोड़ी देर तक सलाह-मशविरा करने के बाद वे महाराजा के पास फिर हाज़िर हुए। महाराजा ने पूछा—

'मुंशी जी कुछ दूसरा इन्तजाम हुआ?'

मुंशी जी ने हाथ जोड़कर कहा—'हुजूर इन्तजाम तो हो गया है लेकिन इस तवायफ़ ने यह शर्त रखी है कि वह महफिल में गाना तभी गायेगी जब उसके लिए पर्दे का पूरा इन्तिज़ाम हो।'

महाराजा यह शर्त सुनकर हँसने लगे—

'तवायफ़ और पर्दा! वाह! अच्छी शर्त लगाई है—मुंशी जी। खैर अब वक़्त नहीं है। चलिए इसी तरह महफ़िल में आज गाना बजाना हो जाएगा।'

शाम को यथासमय बारात के स्वागत के बाद महफ़िल शुरू हुई। पर्दे के पीछे से गाने की स्वर लहरियाँ ऐसी उठीं कि सारा दरबार बाराती और जनाती—बाहरवाले, घर वाले सब उसी राग रंग में डूबने उतराने लगे। किसी को खाने-पीने की सुध न रही। महाराजा गाना सुनकर अपना होश खो बैठे। उन्होंने जीवन में ऐसा स्वर्गिक संगीत कभी नहीं सुना था। पर्दे के पीछे से उन्होंने जब 'श्री रामचन्द्र कृपालु भजुमन' सुना तब तो महाराजा उद्विग्न हो गये। मुंशी जी से कहा—'बस मुंशी जी अब तो मुझे झरने का वह स्रोत देखना ही है जहाँ से यह कोकिल कण्ठी स्वर निकल निकल कर सारी महफ़िल को इस तरह से बाँध रहा है। मुझे इस औरत को सामने से देखना है।'

मुंशी जी ने काँपते हाथों से झिलमिली हटायी और हाथ जोड़कर खड़े हो गये—

'महाराज! अन्नदाता सरकार! यह वही इलाहाबाद की जानकी बाई है ज़िसे आपने शहर से बाहर कर देने का हुक्म दिया था। इसके गाने की तो हिन्दुस्तान भर में धूम मची हुई है। मैंने सोचा इसका गाना आप जैसे कलापारखी को सुनवा देंगे तो यह धन्य हो जाएगी।

'मेरी खता माफ कीजिए! क्षमा कीजिए अन्नदाता मेरी गुस्ताख़ी को!'

महाराजा ने मीर मुंशी को गले लगा लिया। अपने गले से मोतियों का नौलखा हार उतारा और जानकी बाई के गले में खुद पहना दिया। फिर क्या था—सारे दरबार की तरफ से—बारातियों की तरफ से सोने चाँदी के आभूषण जानकी बाई पर न्यौछावर होने लगे।

× × × ×

इलाहाबाद की सबसे बड़ी नुमाइश। जार्ज टाउन से लेकर संगम के परेड मैदान तक लगी हुई। ऐसी नुमाइश अँग्रेजी राज के इतिहास में

कभी नहीं हुई थी। इंग्लैण्ड के महाराजा भारत आए थे। इसी नुमाइश में भारत की छवि दिखाने के लिए संगीत का एक जोरदार आयोजन भी था। कलकत्ते की मशहूर गायिका गौहर जान इस महफ़िल में गाने के लिए उतरी थी। उसकी धाक इतनी जमी हुई थी कि उसके आगे पीछे गाने के लिए कोई तैयार ही नहीं होता था। गौहर जान ने गाना गाया तो महफ़िल लूट ली। अब इलाहाबाद की इज़्ज़त का सवाल था। सबने जानकी बाई के हाथ पैर जोड़े। किसी तरह वह गाने को तैयार हुई। मंच पर बैठकर उसने सुर लगाया ही था कि हजारों की महफ़िल में सन्नाटा छा गया। कड़कती हुई सुरीली आवाज में जानकी बाई ने जैसे ही 'गुलनारों में राधा प्यारी बसें' का मुखड़ा गाया, लोग वाह वाह करके चीखते हुए उछल पड़े। गौहर जान का महफिल जीतने का अभिमान पलक झपकते ही छू मन्तर हो गया। जिस मंच से जानकी बाई बैठी गा रही थी वह मंच चाँदी के रुपयों से पट गया। लोग भरी सभा में ठनाठन रुपये फेंक रहे थे। जानकी बाई को इलाहाबाद में उस दिन नागरिक-सम्मान दिया गया। अँग्रेज़ सरकार बहादुर ने उनकी सुरक्षा के लिए दो सिपाही पहरेदार तैनात कर दिए।

× × × ×

इलाहाबाद के जानसेनगंज में वह दिन मेले की तरह लग रहा था। शहर के हर कोने से उमड़ उमड़ कर आदमी जानसेनगंज की तरफ भाग रहा था। शहर में पहली बार किसी दुकान पर भोंपू लगाकर फ़ोनोग्राफ़ बज रहा था। जानकी बाई के रिकार्ड उसी के शहर इलाहाबाद में ही बजाए जा रहे थे। एच० एम० वी० कम्पनी ने पहली बार संगीत प्रेमियों के लिए जानकी बाई के गाए हुए गाने रिकार्ड में सुलभ कर दिया था—

'मतवारे नैना जुलुम करें'

या 'मैं ना लड़ी थी सैयाँ निकल गये।

मोरी नगरी के दस दरवाजे

ना जाने कौन खिड़की खुली थी,

सैयाँ निकल गये।

मैं ना लड़ी थी सैयाँ निकल गये।

हर रिकार्ड में उसकी आखिरी मुहरबन्दी थी—

'मेरा नाम जानकी बाई इलाहाबाद।' हर तरफ लोगों में जोश खरोश—कि किस तरह यह फ़ोनोग्राफ़ बाजा और जानकी बाई के ये रिकार्ड हासिल किए जायँ। शहर के रसिक रईसों में इन रिकार्डों की खरीद उनकी इज़्ज़त का एक पैमाना बन गयी। 'श्री रामचन्द्र कृपालु भजु मनु' के रिकार्ड तो धीरे धीरे हर संगीत प्रेमी के पास पहुँच गये थे।

× × × ×

जानकी बाई खुद अपनी गजलें गाती थी और अपनी गजल भी लिखकर अकसर सुनाती थी। धीरे-धीरे उसके गाने पर लट्टू होकर कुछ शागिर्द बन गये। उसकी आवाज की नकल करने में ही ये शागिर्द अपनी उपलब्धि मानते। ये लोग उसके बहुत क़रीबी हो गये थे। वे उससे उसकी जिन्दगी के बारे में तमाम सवाल पूछते। जानकी बाई बताती—

कैसे वह बनारस की रहने वाली अहीर-औरत भागकर माँ के साथ इलाहाबाद आयी और कैसे पेशा करने वाली बाइयों के चक्कर में पड़ गयी। कैसे उसने बड़े नामी उस्तादों से गाना सीखा और गरीबी में भी कैसे उनकी फीस भरी। कैसे उसने अँग्रेजी, संस्कृत और फ़ारसी पढ़ी। कैसे उसने शायरी का शौक पाला और कैसे उसकी शायरी 'दीवाने जानकी' के नाम से किताब के रूप में सामने आयी। कैसे उसने अपनी सौतेली माँ को पुलिस के किसी सिपाही के साथ अनैतिक आचरण करते हुए एकाएक देख लिया था और फिर कैसे उस सिपाही ने इस चश्मदीद गवाह को जान से खतम करने के लिए इसके चेहरे और बदन पर छूरियों से छप्पन घाव किए। बेहद खून बहा था। और तब उस सिपाही ने इसको मरी हुई समझकर छोड़ दिया था। उसी घाव के ही कारण उसे छप्पन छुरी का नाम मिला।

जानकी बाई अपनी सारी कथा कहकर खुद हँसती। उसकी खिलखिलाहट में अगाध करुणा भरी रहती। अपार सम्पत्ति और यश की मालकिन जानकी बाई जिन्दगी भर बच्चों और शौहर का सुख देखने के लिए कलपती रही। एक मुसलमान वकील को जिसे वह अपना सब कुछ दे बैठी, उसने भी बाद में जानकी बाई के साथ धोखा ही किया। उसने सब सम्पत्ति हथिया ली। बची खुची पूँजी को जानकी बाई ने कुछ हिन्दू और कुछ मुसलमानों को एक साथ करके एक ट्रस्ट बना दिया।

सन् 1934। इलाहाबाद में एक जगह 'कालाडाँडा' के नाम से मशहूर है। वहाँ एक छोटी सी कच्ची मजार बनी हुई थी। धीरे धीरे उस पर एक छोटा सा मकबरा बन गया। अड़ोस-पड़ोस के लोग उसे प्रसिद्ध गायिका जानकी बाई के नाम से नहीं जानते। वे तो उसे कस्बिनियाँ या छप्पन छुरी के मज़ार के नाम से ही बताते हैं।

❑❑❑

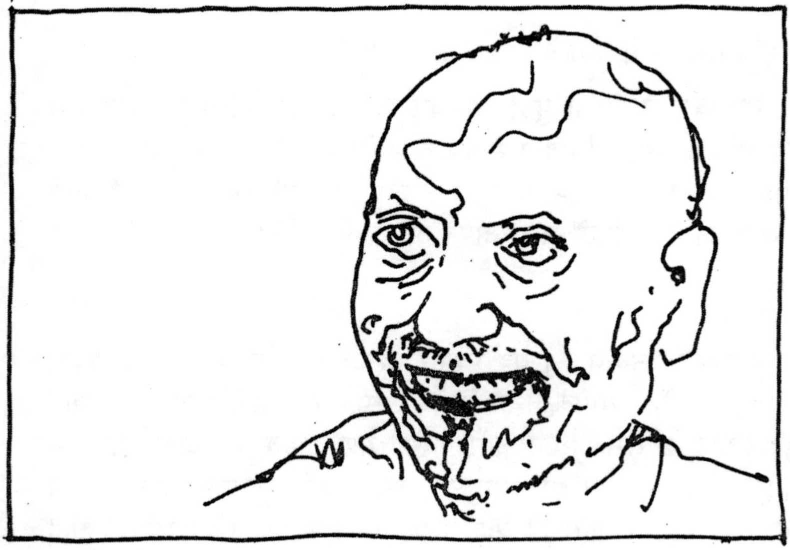

आखिर उसका नाम क्या था?

तेज़ चलती हुई मोटर एकाएक ब्रेक लगने से झटके से रुकी। मोटर में बैठे ही बैठे उस धक्के से स्तब्ध नवाब साहब ने देखा कि एक युवक मैला सा कुर्ता पायजामा पहने दोनों हाथ उठाए हुए उस मोटर के सामने खड़ा था। वह ऊँचे कण्ठ से चिल्ला रहा था—

'मैं अपनी जान आपकी मोटर के नीचे दे दूँगा।'

नवाब साहब ने उसे इशारे से अपने पास बुलाया और पूछा—'क्या बात है मियाँ?'

तब नवयुवक ने हाथ जोड़कर गिड़गिड़ाते हुए कहा—

'बहुत दौड़ चुका हूँ सरकार! अब अगर आप हुज़ूर अपने दरबार के उस्ताद वज़ीर खाँ साहब का मुझे शागिर्द नहीं बनवाएंगे तो मैं अफीम खाकर अपनी जान यहीं आपके शहर में दे दूँगा।'

नवाब साहब कुछ मुस्कुराये। बोले—

'अच्छा तो ये बात है। कहाँ है अफ़ीम?'

नवयुवक ने अपनी मुट्ठी खोलकर दिखाई। टिन की एक डिबिया में अफीम भरी हुई थी। नवाब साहब कुछ देर सोचते रहे। सड़क के चारों तरफ से लोगों का मजमा इकट्ठा होने लगा। उन्होंने उस युवक को गाड़ी में बैठा लिया। उसे लेकर वे अपने दरबार में पहुँचे।

× × × ×

रामपुर के नवाब का यह मशहूर दरबार था। अनेक गुणी कलाकार वहाँ एकत्र होते। संगीतज्ञों को विशेष सम्मान देने वाले रामपुर के नवाब खुद संगीत के रसिक श्रोता और पारखी गुण-ग्राहक थे। अनेक गायक-वादक, तंत्रकार, ध्रुपदिए, बीनकार, तबला और पखावज बजाने वाले दरबार में आश्रय पाते थे। यदा कदा उनकी संगीत की महफिलें होती थीं—बाकी वक्त वे अपने रियाज़ में रहते और अपने फ़न में शागिर्दों को तैयार करवाते। इन्हीं के बीच शीर्ष संगीतज्ञ प्रसिद्ध बीनकार स्व० उस्ताद अमीर खाँ साहब के सुपुत्र वजीर खाँ साहब भी थे। वे अपने को तानसेन का वंशज बताते। वैसे भी उनकी कला की दूर-दूर तक ख्याति थी। वह नवयुवक पहले भी इन्हीं के पास संगीत की विद्या सीखने को आया था। लेकिन उसकी कोई जान पहचान न थी। किसी घराने से भी वह जुड़ा न था। कोई वसीला न होने के कारण उस्ताद वज़ीर खाँ ने उसको अपना शागिर्द बनाने से इंकार कर दिया। उनके चेलों ने उसे घर से निकाल दिया। नवयुवक बड़ी कोशिशें करता रहा कि वह उस्ताद तक किसी तरह सिफ़ारिश पहुँचा सके। लेकिन वह कामयाब न हुआ। हारकर उसने नवाब साहब की मोटर के सामने ही जान-देने की यह योजना बनाई।

नवाब साहब ने उसकी संगीत न सीख पाने के कारण आत्महत्या की योजना की कथा भरे दरबार सबको सुनाई। फिर अपने राजसंगीतज्ञ उस्ताद वजीर खाँ से बोले—

'खाँ साहब! अब बँधवा लीजिए इससे गंडा। बना लीजिए इसे शागिर्द। जरा देखिए तो इसमें कितनी कूबत है।'

उस्ताद वज़ीर खाँ ने नवाब की तरफ देखा और उनके कथन को राजाज्ञा समझकर उस नवयुवक से कुछ ऊँचे स्वर में पूछा—

'तुमने कभी कुछ मौसीक़ी के नाम पर कहीं कुछ सीखा भी है?

वह नवयुवक चुपचाप हाथ जोड़े खड़ा रहा। उस्ताद वज़ीर खाँ ने फिर कहा—

'अगर कुछ नहीं जानते, तो सीधे मेरे पास क्या सीखने चले आए?'

नवयुवक उसी तरह हाथ जोड़े खड़ा रहा। उसकी आँखों से आँसू बह रहे थे। वह टूटी-फूटी बँग्ला मिश्रित उर्दू में अपनी जीवन गाथा कह चला—

कैसे उसका जन्म बंगाल के एक गाँव शिवपुर में हुआ। छुटपन में कैसे वह संगीत के पीछे घर से भागा। एक जात्रा-पार्टी में शामिल हुआ। ढोलक कैसे बजाता रहा! फिर पकड़ा गया, फिर भागा फिर कलकत्ता में एक लंगर में खाना खाता रहा। कैसे कभी कभी सिर्फ गंगा जल ही पीकर अपनी भूख प्यास मिटाता रहा।

—कैसे एक आर्केस्ट्रा पार्टी में शामिल होकर अंग्रेजी बाजा क्लैरोनेट बजाता रहा। फिर ध्रुपद सीखने के लिए मुसलमान से हिन्दू बना और गाना सीखता ही रहा।

—कैसे उस्ताद अहमद अली के चक्कर में गाना सीखने के नाम पर रातो-दिन उस्ताद की सेवा की, उनका मैला तक ढोया लेकिन उन्होंने सिखाया कुछ नहीं। उनका गाना सुनकर जो गाता रहा उसे एक दिन जानकर उस्ताद कैसे नाराज हुए—मारा और कहा कि—तू चोर है! मेरा हुनर चोरी से सीखता है। रोने धोने पर माफ़ तो कर दिया, लेकिन अपने पास से हटाकर यहाँ भेज दिया और कहा—'चला जा रामपुर! और जाकर वहीं उस्ताद वज़ीर खाँ से गाना बजाना सीख।'

कैसे वह बेसहारा खाली हाथ रामपुर चला आया और कैसे खाँ साहब के पैरों पर गिरकर मिन्नतें करता रहा कि वे उसे अपना शागिर्द बना लें अपनी नायाब तालीम उसे दें। उसकी बात किसी ने न सुनी।

नवयुवक बोले जा रहा था उसकी आँखों से अविरल अश्रु प्रवाह हो रहा था। दरबार में बैठे सभी लोग उसकी करुण कथा से द्रवित हो गये। नवाब साहब ने भी यह सब सुनकर प्रश्न सूचक दृष्टि से उस्ताद वज़ीर खाँ की ओर देखा। उस्ताद वज़ीर खाँ चुप बैठे थे। सोचते रहे फिर बोले—

'अच्छा ठीक है, मैं तुम्हें सिखाऊँगा। तुम्हें मेरा गण्डाबन्द शागिर्द होना पड़ेगा। अब किसी और के पास सीखने के लिए तू नहीं जा सकेगा। बोलो मंजूर है?..........

नवयुवक उस्ताद के पैरों पर लोट गया। बोला—'आपकी मेहरबानी जिन्दगी भर नहीं भूलूँगा मैं आपका ही हूँ। मुझको कुबूल कीजिए। उस्ताद वज़ीर खाँ ने फिर कहा—

'इस तम्बूरे पर हाथ रखकर कसम खा कि अपनी विद्या किसी गलत आदमी को नहीं दूँगा। बुरी संगत नहीं करूँगा। विद्या छोड़कर भीख़ नहीं माँगूँगा और किसी तवायफ़ को अपना गाना बजाना कभी नहीं सिखाऊँगा।

नवयुवक ने कान पकड़ा—कसम खायी, उस्ताद के चरण छुए। नवाब साहब के हुक्म से नवयुवक के कपड़े बदले गये। वज़ीर खाँ ने उसके हाथों में गण्डा बाँधकर उसे सफेद पगड़ी पहना दी। नवाब साहब ने फल और न्यौछावर का इन्तज़ाम किया। नवयुवक उस्ताद का शिष्य बन गया।

सारा दरबार जयकारे लगाने लगा।

× × × ×

वह नवयुवक गुरु सेवा में दत्त चित्त रहता। अपने उस्ताद के जूते, उनका हुक्का, पानदान और इनाम में मिले हुए उनके तमग़ों की सफाई करता—उन्हें चमकाता। उनके खाने पीने का इन्तज़ाम देखता। अलस्सुबह उठता। नमाज़ पढ़ता। हाँडी में जरा सी चाय बनाता। बासी रोटी नमक के साथ खाता। कई साल यही क्रम चला। उस्ताद जो कि

खुद एक मशहूर बीनकार थे, जबरन बने इस शागिर्द को बेमन से ही कुछ कुछ सिखाते रहे। लेकिन उस नवयुवक पर तो संगीत का जुनून चढ़ा हुआ था। वह ख़ाली नहीं बैठा, वहीं किसी से ध्रुपद और होरी सीखता रहा तो किसी के साथ बैण्ड बजाकर कई तरह से बाजे बजाना सीख गया। कुछ समय के बाद, उस नवयुवक की सेवा और लगन देखकर वज़ीर खाँ भी थोड़ा पसीजे। उन्होंने उसे सरोद की नायाब गतें सिखाईं। एक चुनौती में फँसकर नवयुवक ने बाएँ हाथ से भी सरोद का कठिन बाज ऐसा बजाया कि उसकी धाक चारों ओर जम गयी। फिर तो वह जिन्दगी भर बाएँ हाथ से ही सरोद बजाता रहा। तीस साल इसी तरह बीत गये। उसके धैर्य और मनोयोग में कोई कमी नहीं आयी। उस्ताद वज़ीर खाँ ने उसे निष्णात् बना दिया। एक दिन उसे बुलाया और उसके हाथ पर सरोद पकड़ा कर बोले—

'तुम्हारी शिक्षा-दीक्षा हो चुकी। अब परीक्षा का अवसर है। पूरे देश में इस बाजे के साथ घूमो—संगीत सुनो और स्वयं को परखो। यही सिखिया, दिखिया और परखिया की असली शिक्षा है।' नवयुवक निकल पड़ा। उत्तर भारत में घूमते फिरते फिर कलकत्ता पहुँचा।

भवानीपुर का संगीत सम्मेलन। बड़े-बड़े संगीतज्ञ इकट्ठा थे। वहाँ भला इसको कौन पूछता? किसी तरह हाथ-पैर जोड़कर वहाँ कुछ बजाने की इज़ाजत माँगी। अच्छे अच्छे तबलची उसके साथ बैठे और लयकारी में उखड़ गये। उसके हुनर की पूरे संगीत सम्मेलन में वाह वाह मच गयी।

उसी सम्मेलन में मध्यप्रदेश की एक छोटी सी रियासत मैहर के कलापारखी दीवान अपने संगीत प्रेमी राजा के लिए एक संगीतज्ञ राजगुरु की खोज कर रहे थे। इस नवयुवक की कला से प्रभावित होकर इससे मैहर जाने और राजा को संगीत सिखलाने का आग्रह किया। दीवान ने हाथ जोड़कर कहा—

"राजा बड़ा गुण ग्राहक है। गाना बजाना सीखना चाहता है। तुम्हारी कद्र करेगा। तुम उससे एक बार मिल तो लो।"

और जबरन इस नवयुवक कलाकार को मैहर जाने वाली रेलगाड़ी में बैठा दिया गया।

× × × ×

मैहर का दरबार एक छोटे से हिन्दू राजा का दरबार था। कस्बा भी छोटा ही था। दरबारी लोग मखमली कोट पहने और तलवार लिए बैठे थे। महराजा को नवयुवक के आने की सूचना पहले ही मिल चुकी थी। वे आए तो सब उठ खड़े हुए। नवयुवक भी खड़ा होकर राजा का अभिवादन करने लगा और पाँच रुपये बतौर नज़र राजा के कदमों पर रख दिया।

राजा ने कहा—'मैंने आपके बारे में सब सुन लिया है। मैं आपको अपना राजगुरु बनाना चाहता हूँ।'

नवयुवक ने अस्वीकृति में गर्दन हिला दी। राजा ने कहा—'बहरहाल, इस वक़्त तो कुछ सुनाइये ही।'

नवयुवक ने राग 'श्री' शुरू किया। पाँच मिनट बाद ही राजा ने रोक दिया और कहा—

'बस कीजिए! अब आप आराम कीजिए।'

नवयुवक को ऐसी विचित्र और सूखी गुणग्राहकता पर खीझ आ रही थी। मन मारकर उठा और चलने को उद्यत हुआ कि तब तक फिर बुलाहट हुई। नवयुवक को इस बार एक बड़े कमरे में ले जाया गया जहाँ सितार, सरोद, वॉयलिन, बाँसुरी, शहनाई, इसराज, बीन, मृदंग, तबला और हारमोनियम आदि अनेक वाद्य यन्त्र रखे हुए थे। उन्हें साथ ले जाने वाले दरबारी संगीतकार ने उनसे कहा—

'अब आप ये सारे वाद्य थोड़ा थोड़ा बजाइये, राजा साहब इस कमरे से टेलीफोन लगाए आपका बजाना सुनते रहेंगे।'

नवयुवक को कुछ हँसी आई। वह हर वाद्य को उठाता उन्हें सुर में करता और फिर सहजता के साथ उन्हें बजाता। राजा सुनसुनकर अभिभूत हो गया। वह दौड़कर स्वयं उस कमरे में आया और युवक से हाथ जोड़कर अपना गुरु बनने की फिर प्रार्थना की। नवयुवक ने विनम्र किन्तु दृढ़ स्वर में कहा—'महाराज मुझे सिखाने का आदेश नहीं है। मैं

केवल देशभर में घूमने की आज्ञा पाकर निकला हूँ।'

राजा ने उस युवक की पूरी कथा सुनी और उसकी गुरु निष्ठा से प्रभावित होकर अपने दीवान जी को उस युवक के साथ अपनी विनती को लगाकर रामपुर भेजा। युवक के साथ दीवान जी ने रामपुर पहुँचकर उस्ताद वज़ीर खाँ को इस नयी मिलने वाली जिम्मेदारी की कहानी सुनाई। उस्ताद वज़ीर खाँ बेहद खुश हुए। उन्होंने उसको खुद एक गण्डा बनाकर दिया और कहा—

'जाओ मैहर! जाकर ऐसे गुणग्राही राजा को संगीत की यह अनमोल विद्या सिखाओ! यह गण्डा उसे बाँध देना।'

मैहर लौटा तो उस युवक के भीतर संगीत के गुरु होने का दायित्व जाग पड़ा। उसने राजा को शिष्य बनाते हुए कहा—

''मैं विद्यादान का पैसा नहीं लूँगा। तुम मेरे शागिर्द होगे तो तुम्हें शराब छोड़नी होगी। अपनी इस ब्याहता रानी के सिवाय सारी औरतें तुम्हारी माँ के समान होंगी। तुम्हें माँस खाना भी छोड़ना होगा। जब तक सीखोगे तब तक केवल शाकाहार चलेगा।''

कठिन तपश्चर्या की माँग थी। लेकिन राजा भी धुन का पक्का था। बोला—'आप जैसा कहेंगे, वैसा ही होगा गुरु जी!'

सिखाने की प्रक्रिया में साल बीत गया। सहसा उसे एक दिन सूचना मिली कि उस्ताद के बड़े बेटे का देहान्त हो गया। खबर सुनकर वह जिस हालत में था उसी तरह बिना राजा को बताए हुए भागा हुआ रामपुर पहुँचा।

वज़ीर खाँ ने अपने शिष्य को देखा तो फूट-फूटकर रोने लगे।

'तुम्हें मैंने बहुत तकलीफ़ दी बेटा! अपनी मिल्कियत में से तुझे कुछ भी नहीं दिया। उसी का फल मुझे अल्लाह ने दिया। जिसे थोड़ा बहुत सिखाया था उसे अल्लाह ने छीन ही लिया। अब तुम्हीं मेरे सबसे बड़े वारिस हो। जो कुछ मेरे पास है वह मैं तुम्हीं को सिखा जाऊँगा। मेरे खानदान में अब आगे यह विद्या चलेगी तो तुम्हारे ही ज़रिए चलेगी।'

युवक उस्ताद से फिर शागिर्द बन गया और उसने फिर उसी तरह लगन से सीखना शुरू कर दिया। उस्ताद वज़ीर खाँ ने उसे ध्रुपद सिखायी, धमार सिखाया, रबाब और सुर सिंगार बजाना भी सिखा दिया। विद्या में पारंगत कर दिया। फिर उस्ताद वज़ीर खाँ साहब भी चल बसे। युवक को मैहर की सुधि आयी। वह लौटकर फिर वहीं आया। राजा ने वापस लौटे हुए अपने गुरु की बड़ी आवभगत की। उनके रहन-सहन की अच्छी व्यवस्था हुई। बचपन में हुए विवाह से जो पत्नी छूटी थी उसे भी युवक ने मैहर में ही बुलवा लिया।

मैहर में पहाड़ की चोटी पर शारदा मैया का प्रसिद्ध देवी मन्दिर है। नमाज़ अदा करने के बाद युवक उस ऊँची पहाड़ी पर चढ़कर जाता और शारदा माँ के सामने बैठकर घंटों सरोद बजाता। यही उसकी नाद-उपासना थी। उसकी कीर्ति गाथा देश के कोने कोने में फैलने लगी। मैहर से उसे बाहर ले जाने के लिए तरह तरह के प्रलोभन दिये जाने लगे। पर उसने अपनी संगीत साधना की तपस्थली नहीं छोड़ी।

विख्यात नर्तक उदयशंकर ने अपनी नृत्य संरचना के लिए इस युवक से प्रार्थना की। उसने उदयशंकर के साथ विदेशों का दौरा किया। जगह जगह पर उसके वादन को सम्मानित किया गया। भारतीय संगीत का वह पहला प्रतिनिधि था। वह आधुनिक जीवन की अनेक आकर्षक और बाँधने वाली स्थितियों को नकारता हुआ फिर शारदा माँ के आँचल में मैहर लौटा। रसमय फूल पर पराग के लिए जैसे मधुमक्खियाँ दौड़ती हैं उसी तरह देश के कोने कोने से संगीत सीखने वाले उस पिछड़े हुए—कस्बे मैहर में एकत्र होने लगे। उसने देश के शिखर संगीतज्ञों को जन्म दिया। उम्र के तमाम वसन्त वह शारदा माँ की सेवा में अर्पित करता रहा। जब उसकी आँखें बन्द हुईं तो लगता था स्वयं शारदा माँ ने अपनी वीणा की सुरीली चादर उस यश: काया पर उढ़ा दी है।

संगीत की दुनिया में यह अनोखा सरस्वती पुत्र आलम, प्रसन्न विश्वास, मनमोहन-डे आदि तमाम नामों को धारण करता और उन्हें अस्वीकार करता हुआ आखिर कौन था? अन्तत: उसे सारा संसार तो उस्ताद अलाउद्दीन खाँ के ही नाम से पहचानता रहा।……… ❑

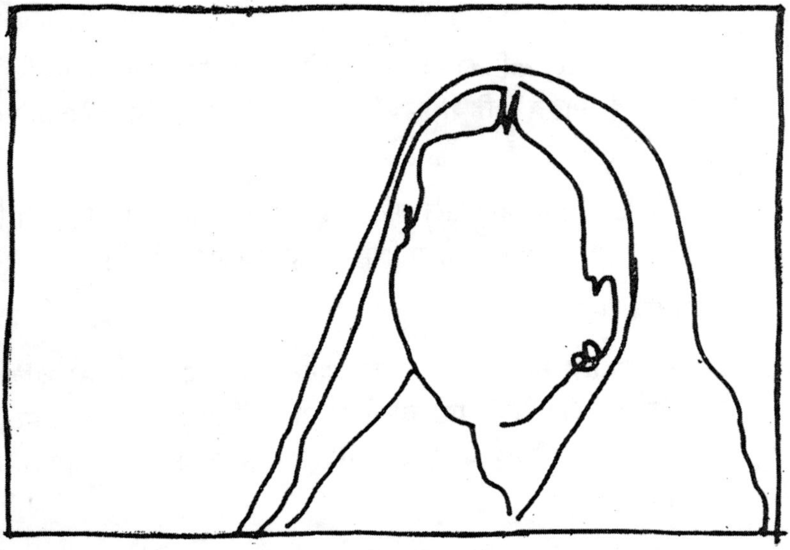

'अब सुध लो मोरे राम!'

वे लोग हाथ में फूलों की माला और शव पर चढ़ाने वाला पुष्प चक्र लेकर घर ढूँढ़ रहे थे। सारे रास्ते में दोनों तरफ सब्जी मण्डी का ढेर लगा हुआ था। प्याज़ के छिलके, सड़े हुए आलू टमाटर और तोड़कर फेंके हुए साग सब्जियों के टुकड़े—पूरी सड़क पर बिखरे हुए थे। आदमी की ठसमठस भीड़ में रिक्शा ठेला, गाय-भैंस जैसे जानवर भी साथ साथ चल रहे थे। साइकिल के कैरियर पर किसी करिश्मे से लादे हुए बड़े-बड़े बोरे भिड़ जाने पर किसी भी रास्ता चलते आदमी को ज़मीन चटाने के लिए तैयार थे। जगह जगह कीचड़ और फिसलन थी। यह शहर इलाहाबाद में खुल्दाबाद की सब्जी मंडी थी।

वे जो पेशे से सरपस्त और नौकरशाही के माने हुए अमला थे—अपने हाथों में फूल-मालाएँ लिए हुए अब भी उसका घर ढूँढ़ रहे थे।—

'अरे भाई! आपको मालूम है—मलिकए तरन्नुम रसूलन बाई कहाँ रहती थीं?'

कुँजड़ों और खटिकों की उस भीड़ में से किसी ने कहा—'कौन रसूलन बाई साहेब? हियाँ सब्जी मण्डी माँ तौ कौनौ मलका नहीं रहतीं!!'

'अरे भाई! वह हिन्दुस्तान की बड़ी मशहूर गाने वाली थी। कल ही शाम को उनका स्वर्गवास हो गया है! उन्हीं को पूछ रहे हैं!'

जवाब मिला—

'अब साहब नाम तो हम नहीं जानत हैं। बाकी एक ठो बुढ़िया जरूर मर गै कल। हियाँ पीछे वाली गुमटी मा बैठी दिन भर दियासलाई बगैरा बेंचत रही। पीछे कैती कौन रिश्तेदार है ओकर।.........यहर से चले जायें.........!

किसी तरह पुष्प चक्र चढ़ाने वाले उस घर तक पहुँचे जिधर कुँजड़े ने संकेत किया था। मिट्टी उठने को थी। जनाज़े पर उन्होंने फूल मालाएँ डाल दीं। एक अध्याय ख़त्म हो गया।

× × × ×

यह 1930 से लेकर 1940-45 का बनारस था। मिर्जापुरी कज़री के माहौल से निकल कर आयी हुई लड़की रसूलन बाई ने अपने गाने की ऐसी धाक बना ली थी कि उसके गाने का नाम सुनते ही सारा बनारस एक भीड़ बन जाता था। अच्छे अच्छे नामी गायकों की घरानेदार गायिकी उसके गले में लट्टू की तरह घूमकर तानों का एक बितान खड़ा कर देती थी। अब वह जिस तरह से ठुमरी दादरा गाती—वह बनारस अंग की गायकी का एक खास रंग माना जाता! यही नहीं वह कजरी और चैती जैसी लोक धुनों को शास्त्रीय प्रतिष्ठा दे सकती थी।

बनारस नगर में संभ्रान्त परिवारों में प्रतिष्ठा का एक पैमाना—उनके घरों या बागीचियों में विभिन्न मौसमों में पड़ने वाले पर्व त्योहारों पर अच्छे अच्छे नामी गवैयों की महफ़िल कराने का भी था। भारतेन्दु ने भी इस परम्परा को खूब निभाया था। रसूलन बाई इन महफ़िलों की प्रमुख आकर्षण थी।

सावन का महीना था। नगर सेठ की सारनाथ जाने वाली सड़क पर स्थित एक बगीचे में महफ़िल थी। बनारस के तमाम संगीत प्रेमी एकत्र थे। रसूलन ने तानपूरा उठाया और अपने ख़ास अन्दाज में जब उसने 'परेला नान्हीं नान्हीं बुंदियाँ' शुरू किया तो लोग झूम-झूम उठे। स्वरों की गंगा में लोग दिव्य स्नान करने लगे। बरसों पुरानी 'चीजें' रसूलन के कंठ से इस तरह निकल रही थीं कि हर चीज़ में नए का स्वाद आ रहा था।

बनारस की ठुमरी को वह मज़ा लेने के लिए टप्पा शैली में गा रही थी। टप्पा गायन के प्रवीण उसे सुनकर दाँतों तले उँगली दबा बैठे। अपने गायन में जब रसूलन ने '.........आँगन में मत सो' की रचना गायी तो बनारस के रसिकों को बरबस ही भारतेन्दु की गायन गोष्ठियों की याद आ गयी। उसका गाना पूरे देश में चर्चा का विषय बन गया।

रसूलन की ख्याति अपने गाने के एक खास रंग की वजह से भी थी। यदि बनारस को देश की सांस्कृतिक छवि देने वाला एक दर्पण किसी भी स्तर पर माना गया तो वहाँ की गायकी का भी अपना रंग उस छवि को पूर्ण करने में हमेशा होता ही था। रसूलन बाई को भारत के प्रतिनिधिमण्डल में लाहौर भेजा गया।

गायकों की सभा हुई। बूढ़े उस्ताद उम्मीद अली खाँ का गायन हो रहा था। छूटा हुआ रियाज़ और उम्र का तकाज़ा दोनों मिलकर सुर के साथ खिलवाड़ करने लगे। हर बार वे बेसुरे होने लगे। उनके गायन पर सुनने वालों ने शोर गुल मचाना शुरू कर दिया। गाना मुश्किल हो गया। किसी की हिम्मत न पड़ी कि भीड़ का ऐसा रुख देखकर कुछ कहता सुनता! तभी एकाएक तमक कर रसूलन बाई उठ खड़ी हुई। शेरनी की तरह दहाड़ती हुई बोली—

'यही है आप लोगों की तमीज़? इसी तरह आप अपने बुजुर्गों की इज़्ज़त करेंगे? इसी तरह आप अपने ज़मीन की हजारों साल पुरानी तहज़ीब और संगीत को सहेज कर रखेंगे। आपको अगर यह गाना पसन्द नहीं आ रहा है या समझ में नहीं आता तो कम से कम चुप होकर बैठ तो सकते हैं? अगर आप चुप होकर भी नहीं बैठ सकते—तो

बाहर चले जाइये और वहाँ अपना दिल बहलाइये। जो लोग पुराने उस्तादों से कुछ सीखना समझना चाहते हैं, उनके रास्ते में आप शोरगुल मचाकर ये रोड़े क्यों अटकाते हैं? इनसे नौजवानी का गाना सुनने की उम्मीद न रखिए! इनके पास तो सीखे और सुने हुए सुरों का पुराना ख़ज़ाना भरा हुआ है। ये तो मोतियाँ लुटा रहे हैं! आप ज़ौहरी हों, परख रखते हों तो लूट लीजिए! नहीं तो जाइए········अपने घर वापस।'

रसूलन बाई की डाँट से सारी महफ़िल में सन्नाटा छा गया। एक औरत ने भरी सभा में ललकार दिया। उम्मीद अली खाँ से लोगों ने हाथ जोड़कर माफी माँगी और गाना बरकरार रखने को कहा। बूढ़े उस्ताद उम्मीद अली खाँ ने खुश होकर रसूलन बाई की पीठ पर हाथ रख दिया।

× × × ×

अहमदाबाद।

वक्त के हिचकोले रसूलन को मिर्ज़ापुर बनारस से होते हुए—गुजरात के इस शहर अहमदाबाद ले आए। गाने बजाने के गुणी जनों ने रसूलन बाई को हाथ पैर जोड़कर राज़ी किया कि वह वहाँ आए और भारतीय संगीत के विद्यार्थियों को बनारस अंग की गायिकी—और उसमें भी—ठुमरी, दादरा, कजरी और चैती, पूरबी सिखाए। रसूलन ने मान ली बात।

उसका स्कूल चल निकला। बड़ी संख्या में लड़के लड़कियाँ वहाँ आने लगे। रसूलन बाई बड़े मनोयोग से उन सबको बनारस के रस में डुबो डुबो कर चाशनी की तरह पाग रही थी। स्कूल से कभी स्वर आते—'यही ठैइयाँ झुलनी हेरानी हो रामा········' और कभी वही मास्टर हिट 'परेला नान्हीं-नान्हीं बुंदियाँ।' रास्ता चलने वाले ठहर जाते। सड़क पर अक्सर आवाजाही रुक जाती।

तभी रसूलन ने एक शाम अपने मकान के छज्जे से देखा कि शहर के कई मुहल्लों से धुआँ धुआँ सा उठ रहा है। किसी ने आकर कहा—

'भाग चलो बाई! पूरे शहर में दंगा हो गया है। हिंदू-मुसलमान एक दूसरे के खून के प्यासे दौड़ रहे हैं। तुम्हें देख लेंगे तो छोड़ेंगे नहीं! चलो.........'

रसूलन के भीतर का कलाकार जाग पड़ा।

'मैं क्यों भागूँ? मेरा न तो धर्म हिंदू है और न मुसलमान! मेरा तो मजहब सिर्फ संगीत है। संगीत हिंदू मुसलमान नहीं होता! मैं नहीं जाऊँगी कहीं भी!'

शोर शराबा, चीख पुकार, हिंदू मुस्लिम नारे बढ़ते ही चले गए। दंगाइयों का एक बड़ा हुजूम उसके घर के सामने खड़ा चिल्ला रहा था—

'मार डालो बुढ़िया को! लगा दो इसके घर को आग! फूँक दो यह स्कूल। यह सबको मुसलमान बना रही है। फूँक दो...... जला दो.........'

रसूलन पहले तो कुछ डरी। पर सामने मौत को देखकर वह फिर तनकर खड़ी हो गयी। उसने उसी छज्जे पर से ललकारते हुए कहा—

'बेटो! हमारी दुनिया में हिंदू-मुसलमान कुछ नहीं होता! जो भी संगीत का सुर लगाता है, वह खुदा की इबादत करता है। भगवान की पूजा करता है। वह तुम लोगों की तरह होशो हवास खोकर नहीं चिल्लाता। आदमी और आदमी में मुहब्बत करने के लिए ही भगवान ने संगीत बनाया है। आपस में नफ़रत करने के लिए नहीं। इस स्कूल में हिंदू भी सीखते हैं और मुसलमान भी सीखते हैं! हमसे तुमको क्या शिकायत है—कोई दुश्मनी है क्या? आखिर तुम खुदा के इस घर में आग क्यों लगाना चाहते हो?'

इस तरह की ललकार सुनकर दंगाइयों की भीड़ एक क्षण को स्तब्ध हो गयी। कोई आवाज उठी—'जाने दो—छोड़ दो......... गाने वाली है!' लेकिन तभी किसी सिरफिरे ने फिर—'अल्लाहो अकबर......... का नारा लगा दिया। बस फिर क्या था। दंगाइयों की भीड़ ने हाथ में लिए मिट्टी के तेल और पेट्रोल के पीपे रसूलन के उस स्कूल की इमारत पर उड़ेल दिए। सारी इमारत एक ही क्षण में धू-धू करके जलने लगी।

× × × ×

रसूलन का सब कुछ स्वाहा हो गया। उसकी बरसों की कमाई जलकर राख हो गयी। इस सदमे ने उसे भीतर से तोड़ दिया। उसने अहमदाबाद छोड़ दिया। उम्र बढ़ रही थी—सारा जोश उतार पर था। लक़वे का दौरा पड़ा। उसका गाना भी साथ न देता। गायक का बुढ़ापा उसके सामने नंगा नाच रहा था। रोटी के लाले पड़ गए। कहीं कोई सहारा नहीं था।

किसी तरह छड़ी टेकती हुई वह रेडियो-स्टेशनों के चक्कर मारती—कहीं से कुछ मिल जाय। बरामदे में बेंच पर बैठी हुई 'साहब' से मिलने का इन्तिज़ार करती! 'साहब' को इस बुढ़िया के आने की खबर जैसे ही मिलती, वे पिछले दरवाजों से भाग खड़े होते। 'साहब तो कहीं बाहर गए हुए हैं' चपरासी का घिसापिटा जवाब उसे हमेशा मिलता। उसका एक भी प्रोग्राम रिकार्ड करने का कोई आश्वासन नहीं देता! जिन्दगी के अब ऐसे मोड़ पर आ गई थी जहाँ सिर्फ ढलान ही ढलान थी!

जिनसे उसकी ज़िंदगी भर की दोस्ती थी, उन सुरों ने भी उसका साथ इस सफ़र में छोड़ दिया। हार कर वह अपने दामाद लगने वाले एक व्यक्ति के पास रहने चली गई। दिन भर अब उसके बच्चों के साथ लगी रहती। उसकी एक लकड़ी की गुमटी थी, उसी घर से लगी सब्जी मंडी में वह उन बच्चों के साथ उसी गुमटी में बैठी रहती और यदा कदा आए ग्राहकों को मोमबत्ती या दियासलाई वगैरह दे देती। कभी कहीं बजते हुए रेडियो से उसे अपने ही गाए हुए गाने की लाइनें—सुनाई पड़तीं—'अब सुध लो मोरे राम!' उसकी आँखें नम हो जातीं। वह अपने आँचल से ही आँखें पोंछ लेती।

आखिर उसके 'राम' ने उसकी सुधि ले ही ली। गुमनामी में ही वह मलिकए-तरन्नुम मिट्टी की गोद में पहुँच गई। पेशेवर लोग......जो उसे देखकर पिछवाड़े के रास्तों से भागा करते थे......आए और उन्होंने हमेशा की तरह फूल मालाएँ चढ़ाईं। उसी के साथ वे अपनी ज़िम्मेदारियों से मुक्त हो गए!!

❑❑❑